JN408909

바위의 때

바위뫼테

송인관 제3수필집

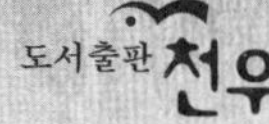

●작가의 말

한 편의 수필을 쓴다는 것은 쉬운 일이 아닙니다. 경험을 기록하고 감상을 표현하는 데에서 출발한다고 합니다. 많은 피와 땀을 흘려가며 퇴고를 거듭하면서 세상에 얼굴을 내미는 것이 수필인 것 같습니다. 어려운 과정을 거쳐 이번에 발간되는 수필집이 제대로 제구실을 할 수 있을는지 두려움마저 생깁니다.

글 쓰는 데 있어서 가장 중요한 것은 많이 읽고, 쓰고, 생각하는 것입니다. 문장은 짧고 여운이 있어야 좋은 글이라고 합니다. 그러나 나와 같이 재능이 없는 사람이 그렇게 쓰는 것이 그리 쉬운 일이겠습니까. 글의 소재와 문장을 모으는 일도 예사로운 일이 아니라고 생각합니다. 이렇게 어려운 경로를 거쳐 만든 수필집을 읽지 않고 외면해 버린다면 이보다 더 애석하고 슬픈 일이 어디 또 있겠습니까.

불나비는 죽는 것을 알면서도 불 속으로 뛰어든다고 합니다. 독자는 없고 책만 범람하는 세상을 번연히 알면서도 수필집을 발간하는 저의 속마음을 헤아려 주었으면 좋겠습니다.

이 수필집이 보잘것없는 졸작인지는 모르겠지만 저에게는 몇 년을 거쳐 만든 소중한 수필집입니다. 많은 시간과 땀을 흘려가며 만들었습니다. 끝까지 읽어주시면 대단히 감사하겠습니다.

2019년 10월

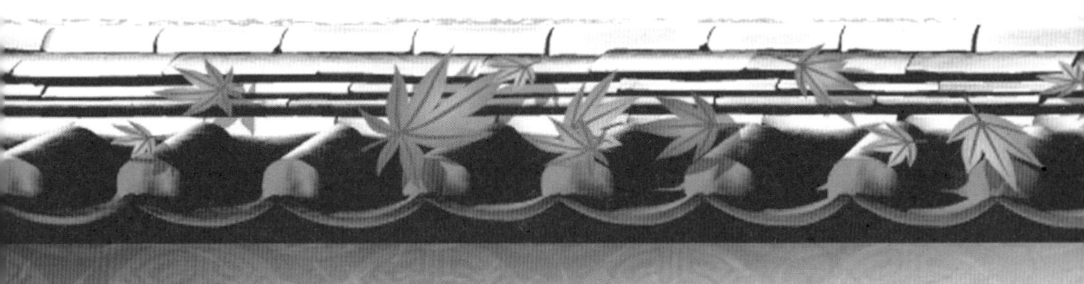

1부

철쭉꽃 부부

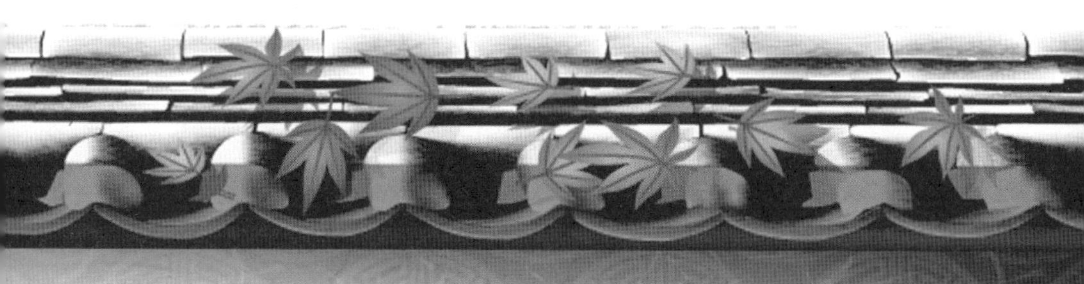

2부

어디로 가고 있는지

3부

소이부답(笑而不答)

4부

구겨진 사진 한 장

1부
철쭉꽃 부부

흐르는 물처럼

요즘은 시장이나 마트나 어디를 가든지 먹을거리가 지천으로 널려있다. 나는 지금 물질 만능시대에서 뭐 하나 부러울 것 없이 풍요로운 삶을 구가하면서 살아간다. 그러나 지나온 발자취를 뒤돌아보면 즐거움보다는 눈물겹도록 고달픈 세월의 연속이었다.

초등학교 일학년 때 광복을 맞이하였다. 그 당시 나는 '광복'이 무슨 말인지 '해방'이 무슨 뜻인지 잘 모르고 학교를 다녔다.

어느 날 갑자기 부모님과 마을 어른들이 해방이 되었다고 태극기를 들고 춤을 추는 모습을 보고 나도 덩달아 춤을 춘 기억이 난다. 매년 삼일절이 돌아오면 그때 그 일들이 떠오른다. 국가가 강국이 되어야만 국민들이 잘살 수 있다는 교훈은 만고의 진리이다.

어린 시절에는 과일이 귀하여 그 맛을 보기가 하늘에서 별 따기보다 더 어려웠던 시기였다. 지금 나는 집안에다 감나무, 자두나무, 대추나무 등 유실수를 심어놓고 철 따라 과일을 따 먹고 살고 있다. 어릴 때 우리 집 뒤란에 유휴지와 자투리땅도 많았는데, 아버지는 왜 과일나무를 심지 않았는지 아무리 생각해도 이해가 안 된다.

광복은 되었다고 하지만 사회는 혼란스럽고 매년 봄이 오면 호랑이보다 더 무서운 보릿고개가 찾아든다. 해가 갈수록 나아지기는커녕 어렵고 먹을거리가 없는 세월이 지속된다. 설상가상이라고 할까. 생각지도 않은 6 · 25 한국전쟁이 발발했다.

전쟁으로 무고한 사람 수백만이 파리 목숨보다도 더 쉽게 목숨을 잃었다. 우리나라는 세계에서 가장 살기가 어려운 가난한 나라 중 하나가 되었다. 먼 훗날 역사가들은 이 전쟁을 어떻게 평가할지 모르겠지만, 그 당시 나는 전쟁이 왜 일어났는지도 모르는 열두 살 철부지 어린아이였다.

앞으로는 우리 국토에서 6 · 25와 같은 민족상잔의 피비린내 나는 전쟁이 일어나서는 절대로 안 된다. 이제 한반도에도 훈훈한 바람이 불어온다. 2019년을 바라보며 남북 양 정상들이 판문점에서 평화협정을 위하여 심혈을 기울이고 있는 모습을 TV에서 보니 격세지감을 느낀다.

우리나라는 우여곡절 끝에 농경사회에서 산업사회로 진입했다. 그러나 경쟁이 치열한 사회에서 살아간다는 것은 생각보다도 더 어렵고 그리 쉬운 일은 아니다. 나도 농사를 접고 오랜 기간 청계천에서 장사를 하고 살아왔지만, 파산 직전에 몰렸던 일이 한두 번이 아니다. 다행히 어려운 고비마다 지인들의 도움으로 슬기롭게 넘겼다. 특히 K라는 친구는 위기 때마다 어음을 빌려줘 나에게 큰 도움을 주었다. 그 친구가 없었더라면 지금 나는 어떻게 되었을까. 생각만 하여도 가슴이 철렁 내려앉는다. 장사를 하면서 어려운 고비와 부닥칠 때마다 살기는 어려웠어도 마음만은 부자였던 농경시대가 한없이 그리워진다.

앞으로 경쟁이 치열한 국제 사회에서 살아갈 후손들을 생각하면 나의 굴곡진 지난 일들이 스크린같이 스치고 지나간다. 물이 흐르다 보면 심한 계곡도 만나고 깊은 웅덩이도 만난다. 날로 변화하는 험난한 사회 속에서 세상 풍파를 모르고 온실 속에서 화초같이 자란 우리의 자식들이 한평생 순조롭게 살아갈 수 있을는지….

나는 그 좋은 젊은 시절을 눈감으면 코를 베어 간다는 청계천 변 방산시장에서 근 삼십 년을 보냈다. 매일 아침 집에서 나오면 마당에 세워 놓은 차에 올라 사업장으로 달려갔다. 하루 종일 일에 시달리다가 달이 뜬 밤중에야 파김치가 되어 집으로 돌아왔다. 이런 생활이 되풀이되고 반복되다 보니 정서적으로나 육체적으로 매우 피폐되어 갔다. 그럴 때면 '붉으무떡'*에 올라가 모든 잡념을 털어버리고 끝이 없는 사유의 세계를 헤맸다. '고독, 적막, 고요, 묵상'등의 언어들이 머릿속에서 스치고 지나갔다.

따스한 봄이 오면 '붉으무떡'은 진달래꽃과 이름 모르는 야생화가 활짝 핀다. 온갖 새들이 그들만의 천국인 양 우거진 숲속을 찾아다니며 지저귄다. 이곳에 있으면 마음이 늘 상큼하고 세파에 찌든 영혼이 깊은 계곡을 흐르는 물과 같이 맑아진다. 둥근 달이 떠 있는 밤중에 산에 올라 별이 총총히 박혀 있는 하늘을 바라보면 좋았던 시절도 암담했던 시간도 모두 파도처럼 흘러간다.

오늘도 저녁을 먹고 어둠이 소리 없이 찾아든 '붉으무떡'에 올라가 짙은 어둠이 깔린 청계산 정상에 있는 망경대와 옥녀봉을 바라본다. 언제 보아도 그 봉우리는 묵직하고 믿음직하다. 심연처럼 깊은 어둠 속에서

---

* 붉으무떡 : 경기도 과천시 광천마을 소재(현 경마장 터) 뒷산.

나 자신을 성찰하고 지난 하루를 되새겨 본다.

'붉으무떡' 밑에 우리 집 전답이 있다. 나는 은퇴 후 이곳에다 새집같이 작은 집을 짓고 살고 싶었는데 흐르는 세월은 '붉으무떡'과 우리 집 전답을 그냥 두지를 않았다. 어느 날 경마장이 들어서면서 전답을 수용을 하는 바람에 내 꿈은 산산이 깨지고 말았다. 이제는 모든 욕심을 버리고 물 흐르면 흐르는 대로 그저 그렇게 살아가는 것이 나의 마지막 소망이다.

환청

고창읍성에 들어서니 주위가 적막강산에 싸여 있다. 숲속에서는 풀벌레들이 울어대고 무성한 나뭇가지에서는 새들이 지저귄다. 하늘에서는 구름이 정처 없이 흘러간다. 우리 인생도 저처럼 흘러가다가 사라져 가는 것은 아닌지….

한 시대의 시공을 뛰어넘어 옛날 동학농민군이 폭정과 폭력에 항거하여 울부짖던 그 시절에도 새들은 저렇게 구슬프게 지저귀고 풀벌레들도 울어대고 있었을까.

이 고창읍성은 옛 고창 고을의 읍성으로 호남 대륙을 방어하는 요충지이었다. 그러나 지금은 관광지와 역사의 산실로 남아 있을 뿐이다. 그런데 이 읍성은 단종 원년에 세워진 것이라고도 하고, 숙종 때 와서 완성되었다고 하나 정확한 연대는 알 수가 없다고 한다.

한국전쟁 때 우리 민족이 남북으로 갈라져 싸운 것 같이, 이곳 읍성에서도 형은 동학군으로 동생은 관군으로 갈라져 싸웠다는 것이 가슴을 아프게 한다. 역사의 물결에는 항상 시대의 주인공이 있다. 삼국시대의 주인공이 무사(武士)였다면, 고려의 주인공은 무인과 승려다. 조선의 주인공은 사대부와 양반이다. 그런데 조선조 말기에 밀어닥친 근대화의 물결 앞에 민중이 새 역사의 주체로 떠오르기 시작한다. 여기에서 양반사회에 대한 항변으로 종교의 형태로 싹이 튼 것이 동학이다.

19세기 말 세계는 영국의 산업혁명과 자본주의 영향을 받아 큰 변혁을 가져온다. 바로 이 시기에 우리나라에서도 사대와 봉건의 폭정에서 벗어나려고 하는 민권운동이 동학농민혁명의 형태로 고창을 중심으로 하여 싹이 튼다.

동학농민혁명은 고종 때 고부군에 부임된 조병갑이 빚은 폭정과 비리가 도화선이 된다. 억울하게 처형된 최재우의 신원 상소와 맞물려 봉기한다. 동학농민군 중 일부는 명성황후와 그의 추종 세력들을 축출하기 위하여 대원군과 손을 잡았는데 대원군 역시 명성황후를 제거하기 위하여 동학농민군과 내밀히 상통을 한다.

욕망이란 끝도 한도 없는 것인지 국가와 백성은 털끝만큼도 생각하지 않고 권력을 잡기 위하여서는 외세라도 등에 업고 폭력을 휘둘러야만 되는 것인지…. 민비정권에서는 동학농민군을 진압하기 위해 청나라군과 일본군을 끌어들여 무차별한 폭력과 살생을 자행한다. 그것이 결국은 청일전쟁의 빌미를 제공하였고, 종국에는 일본군에 의해 민비 자신도 살해되고 만다. 끝이 없는 폭력과 권력욕은 결국 대한제국을 멸망의 길로 들어서게 한다.

국력이 있어야만 강국이 될 수 있다. 역사는 잠시도 머물지 않고 움직인다. 국력이 없으면 외세가 심화되고 내부가 분열된다. 내부가 분열되면 폭력이 난무하고 멸망의 길로 들어선다. 고려가 그렇고 구한말이 그러하다. 가까운 예로는 월남 패망이 많은 교훈을 준다.

지금이라도 우리 민족은 21세기 국제 조류에 따라 강력한 국력을 키우지 않으면 살아남을 수가 없을 것이다. 정치인들은 권력을 잡기 위해서는 폭력이나 데모 그 외 수단 방법을 가리지 않고 무슨 일이든 행사하려고 한다. 그 작태에서 벗어나지 않으면 구한말과 같은 전철을 밟지 않을까 두려운 생각이 든다.

요즘 북에서는 강력한 핵으로 한반도를 위협하고 있는데 우리나라는 보수와 진보로 양분되어 이념대결을 벌이고 있다. 그것도 부족해 요즘은 촛불 물결과 태극 물결로 갈라져 싸우고 있다. 많은 정치인들이 비리에 연루되어 줄줄이 감옥행을 하고 있는 통탄한 일이 벌어지고 있다.

고창읍성을 걷다 보니 새들이 울어 대고 부패와 폭정에 맞서 싸우던 민초들의 함성이 환청처럼 들려온다.

험준한 인생행로

겨울이 오면 날씨가 차가워지고 눈이 내리듯 내 몸에도 반갑지 않은 겨울이 찾아온다. 생각지도 않은 무릎에 인대가 늘어나 정형외과와 한방을 두루 찾아다니지만 전혀 차도가 보이지 않는다. 몸무게를 줄이고 소식을 하다 보니 기력이 점점 떨어진다. 그래도 건강을 다진다는 욕심으로 날이 밝으면 헬스장으로 달려가 운동을 한다.

헬스장에 발을 들어 놓은 지 올해로 4년이란 세월이 흘러간다. 그동안 아무 탈 없이 평탄하게 살아왔다. 금년 들어서도 예년과 다름없이 헬스장을 찾아 운동을 마치고 샤워를 하다 보니, 욕실 바닥에 코피가 아닌 말간 피가 흐르고 있었다. 하도 황당해 아침을 드는 둥 마는 둥 하면서 병원으로 달려갔다.

재판관 앞에 서 있는 죄수의 심정으로 검진 결과를 기다린다. 진단서를 세심하게 들여다본 의사 선생님은 소변에 혈류가 섞여 있고 위가 몹시 헐었다고 한다. 혹시 암인가 하고 은근히 걱정을 하였는데 좀 안심이 된다. 병원을 나서 집으로 돌아오는 동안 지나온 세월들이 내내 머릿속을 스치고 지나간다.

지금 우리 사회가 몹시 시끄럽다. 내 몸도 방심을 하다 보니 여기저기서 삐걱거린다. 내 몸이나 국가나 경영을 잘못하고 큰 비전이 없으면 결국은 쇠퇴에 길로 들어선다. 이것은 만고의 진리이고 자연적인 현상이 아닌가 한다.

많은 세월을 술과 함께 지내왔다. 요즘은 사회가 하루가 다르게 변화하고 있다. 삼 년이면 전에 일세기인 100년보다 더 빠르게 변화한다. 위(胃)인들 어찌 편안했겠는가. 그동안 너무나도 혹사시키지는 않았는지. 그러나 평소에 음식도 잘 소화 시키고 이상의 징후가 보이지 않았는데 위가 몹시 헐고 좋지 않다고 한다.

거기에다 가려움증까지 가세하여 나를 끝없이 괴롭혔다. 팔십이 되니 몸 구석구석에서 반란을 일으키고 있다. 우리 국민들이 사회 곳곳에서 더 많은 욕구를 위해 데모를 하듯 온몸에서 보링(Boring)을 해달라고 아우성들이다.

그동안 이리저리 부닥치며 살다 보니 자연적으로 몸도 마음도 약해져 간다. 요즘은 병원에서 처방한 약을 거르지 않고 잘 챙겨 먹는다. 아침 식사는 종전과는 달리 과일과 채소로 하고, 음식도 소식으로 한다. 좋아하던 술도 마시지 않는다. 운동도 과하지 않게 적당히 한다.

평생 즐기던 소주를 끊고 보니 인생을 다 산 것 같이 허무하다. 좋아하는 술을 끊는다는 것은 그리 쉬운 일이 아니다. 특히 외식을 하면서 친구들이 권하는 술잔에는 세상 살아가는 맛과 인정미가 넘쳐흐른다. 술잔을 거절하는 것은 친구와 절교를 의미하는 것 같아 마음이 아프고 왠지 모르게 서글픈 생각이 든다. 그러나 인생을 잘 마무리 짓기 위해서는 절주를 할 수밖에….

팔십 년 동안 지속되어 오던 식생활을 하루아침에 바꾼다는 것도 그리 쉬운 일은 아니다. 그러나 건강을 다지고 좀 더 좋은 환경 속에서 삶을 추구하는 데 많은 도움이 될 것 같아, 험난하고 힘든 길을 자처할 수밖에 없었다.

차를 오래도록 타고 다니면 고장이 자주 난다. 종국에 가서는 폐기 처분된다. 우리 인간도 언젠가는 차와 똑같은 신세가 되리라고 본다. 이것은 인간이 지닌 숙명적인 길이다.

요즘은 전과는 다르게 세상을 긍정적으로 바라보고 모든 사물을 즐겁게 바라보려고 노력한다. 오래 살겠다는 염원보다는 하루를 살아도 편안하게 살다 간다는 생각이다. 지금 걷고 있는 길이 산 정상을 오르는 것 같이 힘이 들고 험난하다. 하지만 망가져 가는 몸과 위를 보호하면서 여생을 보내려면 이 길을 선택할 수밖에 다른 길이 보이지 않는다.

한마디 말이 없네

매일 새벽 4시면 헬스장을 찾아간다. 그때 일거리를 찾아 인력시장으로 가는 일용직인 이 씨와 우유배달부인 최 씨를 버스 정류장에서 자주 만난다.

이 씨는 성품이 온순하고 박식한 사람이다. 한때는 잘나가던 사업가다. 그런데 사업을 하다 본의 아니게 실패하여 지금은 나의 집에서 방 하나를 얻어서 산다. 그런 사람이 인력시장을 드나들며 재기(再起)의 꿈을 안고 일거리를 찾아 헤맨다. 그러나 현실의 벽은 너무 단단하고 두꺼운 모양이다. 요즘은 일거리가 없어서인지 몇 달씩 세를 내지 못하고 지낸다.

최 씨는 우리 마을 경로당 회장인 나를 도와 사무장 일을 보고 있다. 나는 그에게 많은 빚을 진 것 같다. 그런데 융통성이 없다고 할까. 젊어서 우연히 우유를 배달하던 것을 칠십이 넘은 오늘날까지 지속하고 있다. 그에게는 자식이 둘이 있는데 큰아들은 인터넷 관련 일을 하고 있고 둘째는 음식점을 한다. 자식들은 성품이 착하고 열심히 살고 있다. 하지만 요즘 젊은이들이 그러하듯 매사를 늙은 아비에게 의지하려 든다.

이 씨나 최 씨는 열악한 환경 속에서도 현실에 순응하며 열심히 살아가려고 한다. 이와 같이 우리 주위에는 의외로 많은 사람들이 주어진 운명을 받아들이며 묵묵히 살아간다. 우리 사회는 이들에게 삶의 활력소를 불어넣어 주고 꿈과 희망을 안겨 줄 수는 없을까.

외국인들은 대체로 상냥하고 인사성이 좋다고 한다. 그런데 왜 그런지는 모르겠지만, 우리나라 사람들은 사람들을 봐도 개, 닭 쳐다보듯 지나친다. 새벽이면 쓰레기장에서 청소부를 만날 때가 있는데 "수고한다."고 인사를 하여도 대답이 없이 묵묵부답이다.

우리들은 인사성이 있고 좀 더 낙천적으로 이 세상을 살아갈 수는 없을까. 오늘도 무거운 마음으로 헬스장을 찾아간다. 하늘에는 잔별이 빤짝인다. 나는 무상무념에 젖어 이중계비(里中稧碑) 앞에 이른다. 비(碑) 후면에는 계(稧)를 구성한 선조들의 목록이 새겨져 있는데 이중계비(里中稧碑) 앞에 술 취한 젊은 청년의 둔탁한 물체가 누워있다. 그 젊은이를 간신히 회관 안으로 데리고 가서 소파에 눕히고 나오니 온몸에서 땀이 흐른다.

헬스장에서 운동을 하고 회관 안으로 들어서니, 추하게 잔디밭에 누워있던 청년은 어디로 가고, 키가 늘씬하고 용모가 준수한 청년이 소파에서 세상모른 채 잠을 잔다. 어둠은 가고 먼동이 트기 시작한다. 그 순간 술에 만취되어 오토바이를 타고 가다 대형 사고를 낸 손자 얼굴이 떠오른다. 그 사고로 온 가족에게 많은 고통을 안겨 주었고, 자신도 의식을 잃은 채 오랜 기간 병원 신세를 진 일이 떠오른다.

술은 조금 들면 약이 되지만 폭주를 하다 보면 망주가 된다. 망주는 주위 사람들에게 큰 고통을 안겨준다. 또한 자기 자신을 망가트린다. 이런 사실을 왜 그들은 몰랐을까. 나도 젊었을 때에는 술을 많이 들었는데 요즘은 실수를 하거나 몸이 망가질까 봐 아예 입에 대지 않는다.

며칠이 지났는데도 그 청년한테서는 아무 소식이 없다. 만약 내가 그 청년이었더라면 박카스 한 박스쯤 사 들고 와서 토한 음식물을 치운 도우미 아주머니들에게 정중히 사과를 하였을 텐데….

하얀 목련꽃이 필 때면

겨울이 지나가고 춘분이 찾아든다. 얼마 있으면 하얀 목련꽃이 피는 따스한 봄날이 돌아올 것이다. 우리 집 앞에 있는 목련나무에서도 하얀 꽃이 필 텐데….

왜 목련꽃이 피는 봄이 돌아오면 어린 시절 같이 놀던 사촌 형들과 친구들이 몹시 그리워지는지. 집안 화단에 있는 감나무들은 벌써부터 봄을 맞이하려는지, 줄기마다 물오르는 소리가 들리는듯한데 그 사람들은 어디로 갔는지 보이지 않는다.

세월은 물레방아 돌듯 돌아 나도 어느새 팔십이 되었다. 마을에서 나하고 어린 시절을 보냈던 인필 형, 인창 형, 인섭 형은 친척이면서도 친구같이 지낸 사람들이다. 인필 형은 나보다 여섯 살이, 인창 형은 나보다 한 살이 많고 인섭 형은 나하고 육촌 간인데 나이가 같고 초등학교 동창생이다.

인필 형은 백부님의 아들인데 우리들 세 사람의 우상이었다. 우리들이 마을 어린이들과 무슨 일이 있어 다투거나 싸우게 되면 늘 감싸주고 보살펴 주었다. 여름이면 개울에서 수영을 하고, 가을이면 밤나무에 올라가 밤을 따기도 하였다. 겨울에는 썰매로 얼음판을 지치고 여름이면 개천으로 가서 수영을 하였다.

인필이 형은 십 대에 군대 지원을 해서 군인이 되었다. 개성 송악산에 있는 11연대에서 병영 생활을 하다가 6 · 25 한국전쟁 때 한 떨기 꽃잎처럼 떨어져 다시 올 수 없는 길을 걸어갔다.

인창 형과 인섭 형은 어렸을 때부터 나와 함께 삼총사라고 부르며 늘 붙어서 다녔다. 가을철이 돌아오면 누렇게 벼 이삭이 익어가는 논에서 메뚜기를 잡고 논둑에 있는 콩을 꺾어 콩서리를 하며 지냈다. 그것도 싫증이 나면 산에 올라가 산열매를 따먹고 칡을 캐면서 놀았다.

한국전쟁 6 · 25 때에는 셋이 모여 우리 밭에 있는 참외를 따서 느티나무 밑에다 놓고 피란을 가는 피란민들에게 팔았다. 암울했던 어린 시절, 우리 농촌은 일자리도 없고 먹을거리가 부족해 늘 어렵게 살았다.

인창 형은 일찌감치 결혼을 한 후 고향을 떠나 안양에다 새로운 터전을 잡았다. 금성방직에서 일자리를 얻어 일을 하다가 그것도 여의치 않아 개인택시를 하면서 생계를 꾸려나갔다. 그 후 부모님한테서 물려받은 토지를 처분해서 큰 집을 장만 하였다. 그런데 한밤중에 심장마비가 찾아와 손쓸 새도 없이 이 세상과 인연을 끊었다.

그의 슬하에는 아들 둘에 딸 하나가 있다. 큰아들은 S 대기업에 다니다가 IMF 때 퇴직을 하여 브라질로 이민을 갔다. 평상시에 인창 형은 나를 보면 브라질에 이민 간 자식이 잘살고 있는지, 살아생전에 만나 볼 수 있을는지 모르겠다고 하면서 눈물을 글썽거리며 늘 한숨을 쉬곤 하였다. 그 형은 그렇게도 그리워하던 아들을 죽어서야 만났다.

나는 그의 장례를 치른 후 봉분 앞에서 마지막 술잔을 올리고 당질 되는 그의 아들과 한국에서 열심히 살면 잘 살 수 있는 길이 열려 있다고 하면서 끝이 없는 대화를 나누었다. 나는 지금이라도 늦지 않았으니 다시 한국으로 귀국하라고 종용을 했다. 그는 브라질로 돌아가 부인하고 의논을 해 보겠다고 하면서 봉분 앞에서 헤어졌다. 그 후 그는 한국으로 돌아와 일산에서 조그마한 의류상을 운영하면서 열심히 살고 있다.

그리고 인섭 형은 불행하게도 지난여름에 생각지도 않은 중풍으로 쓰러져 산본에 있는 '효 요양병원'에서 요양 중이다. 그가 입원한 후 몇 차례 병문안을 갔는데 그는 걷지도 못하고 하루 종일 침대에서 누워서 산다. 그 지루한 시간을 무슨 생각을 하면서 보내고 있는지…. 입원한 지 몇 개월이 흘렀는데도 차도가 보이지 않는다. 식사 때가 돌아오면 한쪽 손으로 식사를 한다. 살기 위해서 식사를 하는 것인지 그를 바라보면 마음이 착잡하다.

나의 하나의 소망인지는 모르겠지만, 남은 인생 건강하게 살다가 어느 날 갑자기 꽃잎이 지듯 사라지면 얼마나 복된 삶일까 하는 생각이 든다.

인필 형은 피어보지도 못하고 꽃잎같이 사라지고 인창 형은 이 세상을 소시민으로 살다 갔다. 그런데 인섭 형은 노후를 끝이 없는 투병 생활을 하고 있는데 지금은 나 혼자만 고향을 지키고 있다.

머지않아 온 산하가 꽃들로 울긋불긋하고 우리 집 앞에 있는 목련나무 가지에서도 하얀 꽃이 피고 질 텐데, 이 세상을 떠난 사촌들은 마음속에만 남아있을 뿐이다. 하나 남은 인섭 형은 병상에서 툭툭 털고 일어났으면 좋으련만, 아무 소식이 들리지 않는다.

목련나무는 꽃이 떨어지면 새잎이라도 나겠지만 펑 뚫린 내 가슴은 무엇으로 메꿔야만 새살이 돋울까, 꿀벌이 꽃 속에 빠져 꿀을 채취하고 단잠을 자듯 꽃이 만개한 봄날 속에 푹 빠지고 싶은데 봄은 오지 않고 왜 오늘 따라 마음이 쓸쓸하기만 할까.

다시 밟은 청평사

춘천 소양댐에서 유람선을 타고 청평사로 가는 도중에 배 안에서 한 여행객을 만난다. 그는 충청도 부여에서 왔다고 자기소개를 한다. 그동안 직장에 얽매어 여행을 하지 못하였는데 퇴직을 한 후에는 부인과 자주 여행을 다닌다고 한다.

오늘은 버스를 타고 춘천에서 내려 소양댐에서 유람선을 타고 청평사를 찾아가는 길이라고 한다. 그런데 우리 일행 중 누군가 한 분이 그에게 과자를 건네자 청평사로 가는 도중에 경관이 좋은 음식점에서 소주 한잔 기울이자고 청한다. 여행지에서는 이렇게 낯선 사람들과도 쉽게 소통이 이루어지고 마음을 열게 되는 모양이다. 청평사를 찾는 것은 내 생애의 두 번째 일이다. 이십여 년 전에 마을에서 어른들을 모시고 오늘과 같이 소양댐에서 유람선을 타고 청평사를 찾아왔다. 그 당시에는 길이 포장이 되지 않고 음식점이 없었는데 오늘 이곳에 와보니 청평사로 올라가는 경치가 빼어난 길목마다 음식점을 차려놓고 영업을 하고 있다.

청평사 주위가 관광명소로 탈바꿈하는 모습을 보니 격세지감을 느끼게 한다. 청평사 입구까지 아스팔트 포장이 잘 되어 있는데도 불도저 소리가 깊은 산골짝 여기저기서 들려온다. 인적마저 끊긴 이 깊은 산중에서 불도저 소리를 들으니 혹시 꿈을 꾸고 있는 것은 아닌지….

우리 일행은 청평산장으로 안내하는 플래카드 밑에서 단체 사진을 찍고 맑은 물이 흐르는 다리를 건너 청평사를 향해 걸어간다. 청평사로 가는 계곡은 푸른 숲으로 덮여 있다. 계곡을 타고 흐르는 물은 그동안 도시의 소음과 공해에 찌든 내 심신을 맑게 걸러주는 청량제 같다.

계곡을 따라 걷다 보면 중국 당나라 봉향공주의 동상과 공주에 대한 설화가 얽혀 있는 입간판이 나온다. 한글과 영어로 표기되어 있는 것을 보면 이 깊은 산중까지 외국인들이 찾아오는 모양이다. 간판에는 이곳까지 온 당나라 봉향공주가 뱀과 얽힌 설화가 얼기설기 서려 있는데 그게 사실일까. 단지 이곳 입간판이 서 있는 곳에는 푸른 숲이 산발한 여인의 머리같이 얽혀져 있으며 개울 바닥은 온통 큰 바위들 사이로 물이 흘러간다. 천년 전 봉향공주가 몸을 씻던 물도 이렇게 유유히 흐르고 있었는지….

얼마쯤 더 오르다 보니 거북바위가 나온다. 예전부터 거북이가 물을 바라보면 청평사가 융성할 것이라는 전설이 내려온다. 바위 아랫목에 '신규선'이라는 사람의 이름이 새겨져 있는데 이분이 바로 1915년에 청평사를 정비하고 『청평사지』를 편찬한 분이다. 인걸은 가고 없더라도 그가 남긴 업적은 영원히 남는다는 것은 이분을 두고 한 말은 아닌지….

거북바위를 지나면 구송폭포가 나온다. 폭포 주변에 아홉 그루의 거대한 소나무가 울울창창하다. 이 폭포를 구송폭포라고 부르는데 폭포에서는 하얀 물줄기가 굉음을 내며 계속 쏟아져 내린다. 폭포에서 떨어지는 웅장한 물소리는 우주의 숨소리일까, 맥박 소리일까. 내 영혼을 마구 흔들어 댄다.

큰 바위와 소나무로 둘러싸인 오봉산 밑에 자리를 잡고 있는 청평사로 들어가는 입구에는 사찰을 중창한 이자연의 부도가 나온다. 이곳을 조금 지나면 짧고 묵직한 선동교가 나온다. 다리 밑으로는 옥수 같은 맑은 물이 졸졸 흐른다. 선동교(仙洞橋)를 지나 고색이 창연한 사찰 앞에 당도하니 중년을 바라보는 중후한 문화해설자 여자 한 분이 사찰에 대한 연혁과 홍살문에 대한 많은 이야기를 들려준다. "이자연이 벼슬을 버리고 이곳에 은거하자 도적이 없어지고 호랑이와 이리가 자취를 감추었다."고 한다. 도둑질할 물건이 없으면 도적은 사라진다고 하더라도 호랑이와 이리가 이 깊은 산중을 두고 어디로 사라졌는지 진실인지 허구인지 많은 것을 생각하게 한다.

우리 '수수회' 회원은 해가 지기 시작하자 청평사를 내려와 소양댐으로 돌아오는 유람선을 탄다. 한번 만나면 헤어지는 게 인지상정(人之常情)인가. 유람선에서 만난 여행객은 어디로 갔는지 보이지 않는다. 그 부부같이 남은 인생을 아내하고 자주 여행을 다니고 싶은데 몸이 말을 안 들으니….

아내는 내 인생의 소중한 동반자다. 그동안 부부가 동반한 단체 여행은 여러 차례 있었지만, 이들 부부같이 단둘이 여행을 다닌 적은 전혀 없는 것 같다. 여행을 단체나 혼자 다닐 게 아니라 아내와 단둘이서 추억을 쌓아 가면서 다니는 것도 좋을 듯하다. 그런데 좋은 시절을 다 놓쳤으니 어이하랴.

철쭉꽃 부부

한국전쟁이 끝나고 휴전이 되자, 아버지는 물자가 부족한 가운데서도 갖은 고생을 하며 소나무 목재를 구해 집을 지었다. 그런데 삼십 년 전 내가 청계천 변 방산시장에서 장사를 할 때 아버지의 잔 때가 묻은 집을 헐고 갖은 규제를 받아 가며 주택을 다시 지었다. 그런데 몇 해 전에 생각지도 않은 그린벨트가 해제되어 규제가 완화되었다.

그린벨트가 해제되자 집을 헐고 용적률에 따라 다가구, 다세대 등 대형 주택을 짓는 소리가 마을 곳곳에서 들려온다. 나도 집을 헐고 새로 지으려고 한다. 그런데 막상 정이 들고 튼튼하게 지은 집을 헐 생각을 하니 왠지 모르게 아쉽고 서운한 생각이 든다. 그동안 그린벨트로 묶어 놓고 갖은 명목으로 규제를 하였는데, 해제시킬 대지를 왜 그렇게 수십 년간 묶어 놓았는지….

용적률에 따라 설계를 하고 집을 짓는 것은 상식적인 일이다. 그런데 200여 평이 되는 대지 위에 집을 지으려고 하니 상상외로 돈이 많이 든다. 아들은 예상외로 많이 들어가는 돈을 감당할 수 없다고 하면서 용적률을 낮춰가며 형편에 맞게 설계를 하겠다고 한다. 자식의 뜻에 따르기로 하다 보니 좀 허전하고 아쉬운 생각이 든다.

그동안 알게 모르게 정이 들었던 세입자를 내보내고 번거로운 구정을 쉬고 집을 헐기 시작했다. 그런데 나대지에다 집을 짓는 것보다 상상 이외로 힘이 들고 절차가 까다롭다. 작년보다 물가와 인건비가 많이 오른 것 같다. 집을 짓다 보니 시간도 많이 걸리고 증여 및 어려운 일이 태산같이 많이 산재해 있다.

구정을 앞두고 '아름다운 갤러리'를 운영하고 있는 J 여사의 알선으로 우리 집과 경마장에서 좀 떨어진 '상현철쭉농장'으로 이사를 하였다. 이 일대 십만 평이 이년 전에 '뉴스테이아파트' 부지로 선정되었다.

언제 이곳에서 쫓겨날지는 아무도 모른다. 사람은 보이지 않는 넓은 벌판에 이질적인 비닐하우스가 마치 점령군같이 이 뜰을 지배하고 있다. 나는 이런 곳에서 살리라고는 꿈에도 생각해 본 적이 없는데 사람 팔자 알 수 없다고 아이러니하게도 이곳에다 똬리를 틀어놓고 살아가고 있다.

이사를 올 때에는 삭막하고 인적이 드물어 깊은 밤이면 한없이 외롭고 적적하였는데 생활에 적응해가며 며칠을 지내다 보니 깊은 산중에 있는 사찰같이 고요하고 평화롭다. 특히 밤이 깊어 가면 수양산에서 고사리를 캐 먹고 살던 '백이숙제'와 같이 심산유곡 깊은 산중에서 살고 있는 기분마저 든다.

이 집은 넓은 하우스 안에 조립식 패널(판넬)로 지어진 집이다. 큰 거실과 넓은 방이 두 개가 딸려 있는데 집사람과 둘이 살아가기는 너무 넓다. 그러나 하루하루 지내다 보니 생활공간이 넓어 생활하기가 편리하고 주거 환경이 쾌적해서 오히려 나보다 집사람이 더 좋아한다.

현관문만 나서면 하우스 안에 봄에나 볼 수 있는 철쭉꽃이 가지마다 매달려 있다. 어떤 놈은 붉은 봉우리가 초록 잎사귀에 가려 마치 그 옛날 우리 집사람이 새색시였을 때처럼 수줍어한다.

이 철쭉나무는 주로 산과 들, 모래가 많은 토양 속에서 잘 자란다. 그런데 추운 겨울에 비닐하우스 안에서 자라고 있는 모습을 보니, 자연의 질서를 깨트려가며 꽃을 가꾸는 인간들의 모습이 가상하고 경이롭다. 꽃이 만발하면 햇볕도 따스하고 벌 나비가 날아다녀야 운치가 있는데 꽃은 만발한 데 벌 나비가 날아다니지 않으니 춘래춘(春來春) 불사춘(不似春)이라고 마음이 왠지 모르게 춥고 쓸쓸하다.

오늘은 정월 대보름날이다. 영하 20도를 오르내리는 강추위가 연일 기승을 부린다. 그런 가운데서도 하우스 안은 붉은 철쭉꽃이 계절을 잊은 채 활짝 웃고 있다. 현관문을 열고 집 밖으로 나온다. 하얀 눈이 펄펄 내리며 온 세상을 흰색으로 덧칠을 한다. 눈을 맞으며 실개천을 따라 버스 정류장을 향해 걸어간다. 행복이 경쾌한 발걸음과 내 마음속 깊은 곳에 있는 것 같다. 오늘따라 발걸음이 한결 가볍고 경쾌하다.

젊어서부터 갖은 병마에 시달려 온 집사람은 처음 이사 와서는 낯선 환경에 몹시 힘들어했는데 지금은 철쭉꽃 속에서 살고 있어서인지 온몸에 활기가 넘쳐흐른다. 나도 이곳에서 생활하다 보니 주위 환경이 몹시 조용하고 쾌적하여 독서하기도 좋고 글을 쓰는 데도 안성맞춤이다. 내 생애에 있어서 생각지도 않은 크나큰 보너스를 받은 기분이 든다.

오늘도 하우스 안 패널(판넬)로 지은 집에서 우리 부부가 모처럼만에 세속에서 벗어나 한가하게 하얀 꽃송이를 달고 있는 철쭉나무와 붉은 철쭉나무가 짙은 향기를 풍기며 살고 있다.

장수 사진

생각지도 않은 장수 사진을 농협에서 마련해 주었다. 그것을 내가 애지중지하는 골방에다 걸어 놓고 시간 나는 대로 들여다보고 있다.

나는 깊은 밤 정적은 흐르고 잠이 오지 않으면 골방에 들어가 책을 읽고 명상에 잠겨 있기를 좋아한다. 그런데 벽에 걸려 있는 장수 사진을 들여다보면 남은 인생을 어떻게 보내는 것이 가장 값지고 현명한지, 끝이 없는 사유의 세계를 헤매게 된다.

'효' 문화센터에서 연로한 노인들에게 무료로 장수 사진을 마련해 주었는데 나는 어쩌다 보니 시간을 놓쳐 사진을 찍지 못했다. 그런데 다행스럽게도 이번에 농협에서 장수 사진을 찍어 주었다. 이 사진을 보고 집사람은 남은 세월, 아옹다옹 싸우지 말고 모든 욕심을 버리고 살아가자고 한다. 나도 집사람과 같은 생각이다. 육신을 짓누르고 있는 모든 욕망에서 벗어나 여생을 조용히 보내고 싶다.

"절대로 세월을 허송하지 마라. 책을 읽든지, 쓰든지, 기도하든지, 명상하든지, 항상 뭔가를 하라고" 그리스도의 학습을 저술한 '토마스 아 켐피스(Thomas a Kempis)'는 말하였는데 이 책자는 '기독교 신앙의 진수를 설명한 성서'에 버금가는 기독교의 고전으로 유명한 책이다.

그는 독일의 신비 사상가이기도 하다. 나는 이 장수 사진을 볼 때마다 그가 말한 '명상'을 하라는 말이 가슴에 와닿는다. 이 명상이야말로 글을 가져다주는 길잡이고 삶의 원천이라고 생각한다. 팔십을 바라보는 요즘은 세월이 전광석화같이 흐른다는 말이 실감이 난다. 이 육체는 흙이 아니면 한 줌의 재로 돌아갈 것이고 영혼은 언젠가는 모든 사람들의 곁을 떠나 하늘 높이 '소천' 하리라고 믿는다.

아무리 푸르고 왕성한 나뭇잎이나 풀이라도 세월이 흐르다 보면 자기 의사와는 상관없이 본의 아니게 낙엽이 되어 뒹군다. 이것이 자연의 질서이다. 세월이 톱니바퀴처럼 돌고 돌다 보면 추운 겨울은 어느새 가버리고 생명의 싹이 새로 움트는 봄을 맞이하게 된다. 우리 인간도 한 번 가면 다시 돌아올 줄을 모르는 길을 지금 묵묵히 걷고 있다.

세월은 흘러 무더운 여름철로 들어선다. 우리 집 담장 밑에 있는 담쟁이풀은 마치 고시생같이 높은 이상과 더 넓은 세상을 향하여 가파른 담장을 타고 올라간다. 이 담쟁이풀의 억센 생명력과 끈기를 바라보면 나의 지난 세월 힘들고 어렵게 살아온 일들이 주마등 같이 떠오른다. 그러나 이 억샌 담쟁이풀도 여름이 가고 가을이 돌아오면 한 줌의 낙엽으로 변하고 말 것이다. 우리 인생도 언젠가는 나뭇잎과 풀처럼 흙으로 돌아가지 않으면 한 줌의 재가 되리라.

장수 사진을 바라보며 다가올 내 자화상을 그려본다. 프랑스 출신의 세계미래학회 회장을 맡고 있는 구-보디망 회장은 『미래 혁명』이라는 책자에서 2000년 전후에 태어난 아이들이 70세가 되는 2070년에는 인간 수명이 120년으로 늘어난다고 한다. 의술의 발달을 통해 인간 수명이 늘어나는 것은 좋지만, 거기에 따르는 삶의 질이나 경제적인 뒷받침이 없다면 수명이 늘어난다고 해서 좋은 것만은 아니라는 생각이 든다.

내가 죽으면 저 영정 사진을 걸어놓고 장례식을 치를 텐데 그때 사람들은 나를 어떻게 평가를 할까. "세상에 죽음만큼 확실한 것은 없다고 본다. 그런데 사람들은 겨우살이 준비를 하면서도 죽음은 준비하지 않는다."고 톨스토이는 말을 했다.

나는 영정 사진을 놓고 명상에 젖어 남은 인생을 어떻게 보내는 것이 가장 현명한지 골똘히 생각해 본다.

자두나무

종묘원에서 자두나무 한 그루를 사다가 심었는데 금년에는 자두 알이 예상외로 낙과가 심하다. 그런 가운데에서도 탐스럽게 익어가던 자두 알이 비료가 적어서인지 꼭 메추리알 같다.

고등학교 동창인 K와 청계산 등산길에 올랐다. 매봉으로 오르는 길가에 약수터가 있는데 그곳에서 흐르는 물을 따라 역 산행을 하다 보니 수녀원 터가 나왔다. 수녀원은 몇 년 전에 다른 데로 이사를 갔고 그 빈터에는 자두나무 두 그루만 남았는데 가지마다 잘 익은 자두가 주렁주렁 매달려 있다. 땅바닥에는 농익은 주먹만 한 자두가 뒹굴고 있다. 윤기가 흐르는 지렁이들이 제 세상을 만난 듯 정신없이 파먹고 있다. 대 자연 속에서 온 만물들은 서로 얽히고설켜 가면서 그들대로의 생활 방식으로 살아가는 것 같다.

K와 나는 큰 횡재를 만난 듯 자두나무에 올라가 붉게 익은 자두를 따서 등산 가방에 가득 넣어가지고 약수터로 왔다. 자두를 흐르는 물

에 씻은 후 가방을 짊어지고 집으로 돌아와 자두를 분당에 사는 아들과 이웃들에게 나누어 주었는데도 생각보다도 많이 남아 여름내 포식을 했다.

해가 여러 번 바뀌고 오랜 시간이 흐른 어느 봄날이었다. 자두 생각이 문득 떠올라 자두나무가 있던 곳을 다시 찾아갔는데 그 자리에는 자두나무는 보이지 않고, 무성한 밤나무와 도토리나무만 서 있다. 도대체 그 자두나무는 어디로 갔을까. 귀신이 곡할 노릇이 아닌가.

오(吳)라는 초등학교 동창생이 있는데 초등학교 시절 그 친구는 나하고 짝꿍이었다. 우리는 6 · 25 한국전쟁 때 전국제1회국가고시를 치르고 안양중학교에 입학을 했다. 그 당시에는 전쟁 중이어서 우리 지방에서는 유일하게도 안양중학교만 개교(開校)를 하였다.

집에서 학교까지는 삼십 리가 되는데 별이 총총히 뜨는 새벽에 일어나 밥상에 앉으면 밥맛이 없어 겨우 밥 한 숟갈을 뜨고 통학을 하였다. 도시락 하나로 점심을 때우다 보니 늘 하굣길에는 배가 고파 발걸음이 떨어지지가 않았다.

그 당시는 전쟁 중이어서 필요한 물건이 있어도 살 수가 없었으며 사고 싶어도 물건이 없어서 사지를 못했다. 달랑 교복 한 벌과 다 떨어진 신발을 신고 다녔다. 버스가 다니지를 않아 자전거를 타고 다니던 학생도 있었지만, 대부분의 학생들은 똥가방이라고 불리던 헝겊으로 만든 가방을 짊어지고 걸어서 통학을 했다.

내 집은 서울 서초구와 경계를 이루고 있는 과천동이고 오(吳)의 집은 안양시와 경계를 이루고 있는 갈현동에 있는 가일마을이다. 같은 면내지만 우리 마을에서 오(吳)가 살고 있는 마을까지는 십여 리가 넘는다. 등하굣길에는 대로로 다니는 것이 편리하지만 시간을 단축하기 위하여 늘 험한 산길을 넘어서 오(吳)가 살고 있는 가일마을을 지나다니곤 했다.

오(吳)는 부유한 집안에서 태어난 여러 형제 중 막둥이다. 그는 장남으로 태어난 나하고는 달리 늘 집안에서 귀염둥이로 자랐다. 그의 집 앞에는 자두나무밭이 있는데 봄에는 하얀 꽃이 피고 보리가 익어갈 무렵엔 잘 익은 자두가 주렁주렁 매달리곤 하였다. 그런데 나는 자두 하나 제대로 따먹지 못하고 오(吳)가 따주지 않으면 늘 군침만 흘리고 다녔다.

지금은 세상이 많이 바뀌어 물건이 홍수를 이루고 있다. 시장이나 마트 등 어디를 가도 물건들이 산더미같이 쌓여 있는데 잘 진열된 과일 전에서 붉게 익은 자두를 보면 오(吳)의 자두밭이 떠오른다. 그 당시는 전쟁 중이라 먹을거리가 부족도 하였지만, 특히 과일 맛을 보기는 하늘의 별 따기보다도 더 어려웠던 시절이었다.

휴전이 되고 서울이 수복되자 전쟁 통에 죽었는지 살았는지 궁금하다고 하면서 서울서 이모님이 오셨는데 새벽에 책가방을 둘러메고 집을 나서는 나를 보고 안양까지 어린 몸으로 어떻게 통학을 하느냐고 하면서 나를 애처롭게 바라보셨다. 그 후 나는 서울로 올라와 이모님 댁에서 학교를 다니게 되였다.

이모님 집은 적산 가옥인데 대지도 넓고 양옥으로 된 2층집이다. 나는 2층 다다미방에서 중학교 3학년에 편입해서 고등학교를 마칠 때까지 4년간을 보냈다. 나 이외에도 지방에서 올라온 학생들이 이 집에서 여럿이 하숙을 했다. 겨울이면 혹독한 추위 속에서 공부를 하였고 여름이면 선풍기 하나 없는 무더운 찜통 속에서 빈대에게 뜯기면서 공부를 하였다. 그 당시에는 웬 놈의 빈대가 그리도 많았는지 지금도 여름철만 돌아오면 그때 그 빈대 생각이 나 몸서리가 쳐진다.

오(吳) 하고는 내가 서울로 전학을 한 후 한 번도 만나지를 못했다. 풍문에 의할 것 같으면 그는 대학을 나와 미국으로 유학을 갔다고 한다. 그의 가족들도 그의 마을에서 떠난 지 오래되었다고 한다. 그가 살았던 기와집과 그 많았던 자두나무는 어디로 사라졌는지 보이지 않는다.

오늘따라 주먹만 한 자두가 산더미같이 진열된 가게 앞을 지나니 오(吳)와 함께 보냈던 어린 시절이 주마등(走馬燈) 같이 떠오른다.

입동 단상(斷想)

겨울철은 푸른 소나무 위에 하얀 눈이 내려야 제격이고 비로소 겨울맛이 난다. 나는 대설이 지나 동장군이 기승을 부리기 시작하면, 추사박물관에 있는 김정희 선생의 '세한도'가 제일 먼저 떠오른다. 또 저세상으로 가셨지만 어머니가 지워 주신 한복 바지저고리가 몹시 그리워진다.

어머니가 지어주신 바지저고리를 입고 동네 아이들과 마을 앞 논두렁에서 하늘 높이 연을 날리며 뛰어놀던 일들이 떠오른다. 연싸움을 하다 실이 끊어져 연이 멀리 날아가는 모습을 보고 발을 동동거리며 보낸 겨울철 어느 날이 마냥 그리워진다.

그 당시는 몰랐지만, 행여 추울까 봐 두툼하게 솜을 많이 넣고 한복 바지저고리를 지어주신 어머니의 깊고 따뜻한 사랑을 지금에서야 알 것 같다. 또한 얼음판에서 해가 질 때까지 썰매를 타고 팽이를 치며 놀았던 일이 오랜 세월이 흘렀는데도 잊혀지지가 않는다. 그때 같이 뛰어놀던 여자아이들 지금 어디서 무엇을 하고 지낼까.

지금은 옷도 다양하고 색상과 모양도 가지각색이다. 마음만 먹으면 시장이건 백화점이건 어디서든지 구입할 수 있다. 그런데 그 당시만 해도 어머니가 지워주신 옷과 형제들이 입던 헌 옷을 물려받지 않으면 달리 구할 방도가 없었다. 그 당시는 물자도 부족했지만 아예 기성복은 존재하지도 않았고, 그 개념조차 모르고 살았던 시절이었다.

해방되던 해 봄에 초등학교 입학을 했다. 집에서 학교까지는 4킬로가 된다. 큰 대로(大路)도 있지만 빨리 학교를 다니려고 늘 지름길로 뛰어다닌다. 특히 겨울철이 돌아오면 눈보라를 맞으며 어머니가 지어주신 옷을 입고 이듬해 봄이 올 때까지 학교에 다니던 생각이 난다. 그런데 우리 반에 일본 아이가 한 명이 있었는데 그 아이는 철 따라 수시로 양복을 갈아입고 다녀 얼마나 부러웠는지 모른다.

지금 자라고 있는 아이들은 나라 잃은 슬픔과 배고픔을 알고나 있을까. 지금은 국가 간에도 살아남기 위하여 경쟁이 치열하다. 국가가 부강해야 국민들이 잘살 수 있다. 그런데 우리나라는 불행하게도 나라를 잃고 일본 치하에서 36년간을 갖은 수모를 당하며 노예처럼 살아왔다. 그 당시 어린 나도 창씨개명을 하고 학교를 다녔는데 하느님의 은총이라고 할까. 해방이 된 후 다시 송인관이라고 본래 이름을 되찾았다.

겨울 하면 김장, 김장하면 겨울이 떠오른다. 김장은 수천 년 동안 우리 민족과 떼어놓을래야 떼어놓을 수 없는 생명줄이었다. 김장은 삼국시대 이전부터 담갔다는 설이 전해져 내려온다. 어머니는 우리 민족과 애환을 같이 해온 김장을 매년 입동이 돌아오기 전에 담갔는데 집사람도 입동 전에 담그는 것을 잊지 않는다. 그러나 어머니 때보다는 수량이 훨씬 줄어든 것 같다.

김장철이 돌아오면 양념을 장만하려고 늘 분주하게 뛰어다니는 아내의 모습을 보면 마음이 울적해진다. 지금 어린이들은 인스턴트식품에 젖어서인지 김치를 선호하지도 않고 좋아하지도 않는다. 요즘은 음식문화도 바뀌어 김장하는 집도 많이 줄어든 것 같다. 다음 세대에는 김장을 담그는 일과 그 개념조차 모르고 살 것 같은 생각이 든다.

겨울철에 빼놓을 수 없는 낭만이 또 있다면 눈이 올 때 가족들이 모여 눈을 쓸고 눈사람을 만들었던 일이다. 그리고 눈이 무릎까지 쌓여 있는 산에 올라가 아이들과 함성을 지르며 몽둥이를 들고 토끼몰이를 하던 일이 오랜 세월이 흘렀는데도 잊히지가 않는다.

그런데 사촌 형은 추어탕을 몹시 좋아해서인지 토끼몰이보다는 추수를 거둬들인 텅 빈 논을 찾아다니면서 괭이와 삼태기를 들고 물고기를 잡으러 다니는 것을 좋아한다. 그런 그를 보고 백부님은 하라는 땔나무는 안 하고 꼭 황새같이 물고기만 잡으려 다닌다고 늘 역정을 내시곤 하였다.

겨울철은 춥지만 여름철 못지않게 낭만이 깃들어 있는 계절이다. 입동이 지나 겨울철이 깊어지면 마음의 등불이요 숨결인 하얀 눈이 대지 위로 소리 없이 내려앉는다. 눈꽃이 하얗게 핀 소나무를 바라보면 추위에 꽁꽁 얼어붙은 몸과 마음이 눈 녹듯 살아진다.

입동 하면 제일 먼저 팥죽이 떠오른다. 입동이야말로 꿈과 낭만이 깃들어 있는 겨울철로 들어서는 첫 관문이 아닌가 한다.

인생의 숲길

광릉숲길을 걷는다. 물과 공기가 없으면 우리 인간이 살아갈 수가 없듯이 숲 없이는 잠시라도 살 수가 없다. 숲은 수많은 생물들이 서로 먹이 사슬로 얽혀가며 살고 있는 생태계의 보고다. 몸집이 큰 동물에서부터 눈에 보이지 않는 작은 미생물에 이르기까지 수많은 생물들로 이루어져 있으며 우리 인간도 그중의 한 부분을 차지한다.

수목원교 난관에 서서 가던 발길을 멈추고 흐르는 물과 주위 풍경을 바라본다. 물은 계곡을 따라 유유히 흐르고 마른 잡초들과 한 길이 넘는 갈대들이 한데 어우러져 바람 부는 대로 춤을 춘다. 만추의 계절 가을을 보내는 것을 아쉬워해서인가 온 산하가 붉게 타들어 간다.

11월 날씨답지 않게 오늘은 유난히도 차가운 바람이 몸속으로 파고든다. 푸른 하늘은 검은 먹구름으로 뒤덮이기 시작한다. 쌀쌀한 날씨에도 불구하고 이 수목원을 찾는 사람들의 발길이 계속 이어진다. 길가에는 주황색으로 단장한 곧게 뻗은 계수나무들이 군락을 이루며 하늘을 찌를

듯이 솟아있다. 일본이 원산지인 계수나무는 우리 생활과 밀접한 관계가 있는 합판재, 가구재, 관상수, 향료, 약용 등등으로 이용되고 있다.

어린이정원으로 가는 오솔길에 빛이 바랜 의자 하나가 유난히도 눈에 띈다. 그 의자에는 가랑잎이 뒹굴고 있는데 사람 모형을 한 조형물이 앉아있다. 눈을 지그시 감고 깊은 명상에 잠겨 있는 모습은 마치 이세돌이 알파고와 세기의 대결을 벌이고 있는 바둑판을 들여다보며 패착(敗着)을 모면하려고 안간힘을 쓰며 고심하는 표정이다.

조형물 주위에는 많은 나무와 낙엽송들이 울창하게 자란다. 그중에서도 중국 중부지방의 깊은 산골짜기가 원산지인 '메타세쿼이아'는 나무중에 나무로 마치 제왕과 같이 군림하며 주위에 숲속과 세상을 제압이라도 하듯 우뚝 솟아 있다. 인간도 나무와 같이 자연의 일부분인데 온갖 욕망과 굴레에서 벗어나지 못하고 때에 따라서는 나무줄기처럼 구부러지기도 하고 휘어지기도 하며 일생을 살아가는 것은 아닌지….

나도 한평생을 살아오는 동안 행복한 삶보다는 어렵고 힘들었던 일들이 더 많은 것 같다. 부모님을 하직한 후 부모님의 후광이 얼마나 큰가를 알게 되었다. 또한, 부모님을 잃은 허탈감이 지속되면서 가장으로서 막중한 책임감이 나를 숨 쉴 틈도 주지 않고 짓누르곤 했다. 나에게 딸린 식솔들을 짊어지고 이 험한 세상을 살아갈 생각을 하니 앞이 캄캄하였다.

세월이 약이라고 하였던가. 시간이 흐르다 보니 가장으로서 책무를 다하기 위하여 자연에 순응하고 내 몸을 움츠리고 사는 지혜를 터득했다. 그 과정에서 가정을 이끌고 보살피는 막중한 책임감이 은연중 몸에 배였다. 그래서 생존경쟁이 치열한 청계천이란 인간의 숲속에서 탈 없이 장사를 마무리 짓고 은퇴할 수 있었다.

관상수가 울창하게 들어선 길을 걷다 보면 대자연이 빚어낸 작품들인 산철쭉, 수채화, 복자기 등등이 유별나게도 눈길을 끈다. 자연 속에서 자생하고 있는 수많은 나무들이 날짐승이나 사람이 먹을 수 있는 열매를 맺기도 하고 벌이나 곤충들이 꿀을 채취할 수 있는 꽃을 피우기도 한다. 특히 자연은 질 좋은 목재를 생산하여 우리들이 즐겨 사용하고 있는 고급 생활용품을 제공한다.

숲길을 계속 걷다 보면 덩굴식물원이 나온다. 그 식물원에는 등나무, 담쟁이덩굴, 덩굴장미 등등이 자라고 있다. 특히 산과일로 유명한 머루, 다래, 으름덩굴이 한데 어우러져 있고 약재로 이용되는 오미자를 비롯하여 칡과 인동 등 우리 생활과 밀접한 관계가 있는 덩굴식물들이 실타래같이 엉켜 자생하고 있는 모습이 돋보인다.

사람은 태곳적부터 오늘날까지 수많은 물음표를 끌어안고 꼬부라진 나뭇가지처럼 어느 때는 자연에 순응하면서 살아오다가 어느 때는 곡선에서 직선을 향해 걸어가고 있는 것은 아닌지 마치 인생의 숲을 헤쳐 가며 살아온 것 같은 생각이 든다.

국립수목원 광릉숲은 우리들의 큰 자산이다. 이곳은 세종대왕이 사냥을 하기 위하여 즐겨 찾던 숲길이다. 1468년 세조대왕의 능지가 조성되면서 능 주변의 숲이 부속림으로 편입된다.

이 광릉은 조선말까지 잘 관리되어 오다가 암울했던 일제 치하를 거쳐 동족상잔의 비극인 한국전쟁을 지나 오늘에 이르고 있다. 그 후 2010년 6월 2일 파리에서 개최된 '유네스코 인간과 생물권 프로그램 국제조정 이사회'에서 세계생물권 보전지역으로 지정 되었다.

우리 세대들은 이 수목원을 잘 보존하고 육성하여 자라나는 후손들에게 물려주어야 된다. 이곳에 와 보니 사람만이 홀로 살 수는 없다는 생각이 든다. 큰 나무에서부터 보잘것없는 작은 식물에 이르기까지 서로 공생하며 살아가고 있는 것을 볼 수 있다.

몸집이 큰 동물과 눈에 보이지 않는 미생물까지도 '약육강식'의 먹이사슬로 이어가며 살아가는 것이 대자연의 뜻이고 섭리가 아닌가 한다.

인생 행복론

서울대공원에서 과천현대미술관 방향으로 가면 좌측 편으로 오래된 소나무 두 그루가 나온다. 이 소나무는 씨름 선수처럼 옆으로 퍼지고, 작달막하지만 몸통만은 여느 소나무 못지않게 굵다. 마치 산소 호흡기를 입에 물고, 링거주사기를 꽂고 있는 환자들처럼 가지마다 큰 돌을 매달고 비지땀을 흘리고 있다. 아마 관상용으로 만들기 위하여 누가 족쇄를 채운 모양이다.

이곳에서 미술관 방향으로 올라가면 생활공원으로 가는 이정표가 나온다. 생활공원으로 오르는 계단은 나뭇조각으로 되어 있으며 좀 가파르지만 일단 오르고 나면 잘 다듬어진 넓은 공원이 눈앞에 펼쳐져 있다. 이곳에 서 있으면 물오르는 진한 솔향기가 코를 간질인다. 숲속에 파묻힌 과천현대미술관이 웅장한 모습으로 자리를 지키고 있으며, 청계산 매봉이 한 폭의 동양화를 그려놓은 것같이 눈앞에 다가온다.

대공원 둘레길을 달리는 코끼리 차와 맑은 호숫가 주위에 마련된 조형물들을 바라보면 시야가 확 트이고 가슴이 후련해진다. 이 둘레길을 걷다 보면 스치고 지나가는 등산객들이 다 오래된 친구 같다. 서 있는 나무들마저 잘 알고 지내던 이웃 같은 생각이 든다. 나뭇가지에 앉아 지저귀고 있는 새소리를 들으면 나도 모르게 마음이 편안해진다.

이 둘레길은 어느 등산로보다도 오래된 적송들이 군락을 이루고 있다. 숲속에는 아름답고 청순한 산꼬리풀과 황매화, 벌개미취가 서로 시샘이라도 하듯이 잎눈과 꽃봉오리를 터트려가며 먼저 꽃을 피우려고 아우성이다.

토종 까치를 비롯하여 많은 새들이 햇빛이 쏟아지는 나뭇가지 사이로 날아다닌다. 서너 마리씩 짝을 지어 통통 뛰며 모이를 쪼아 먹기도 한다. 이 푸른 생활공원이 온통 새들과 꽃들의 향연장이고 푸른 나뭇잎의 축제장이다.

인생의 행복감은 티 없이 맑고 깨끗한 영혼으로 이루어진다고 한다. 젊은 시절에는 행복은 늘 가파르고 높은 정상에만 있는 줄로 알고 왜 그렇게 힘이 드는 산 정상만 오르려고 하였는지.

셰익스피어는 "자연의 아름다움을 마음껏 즐기면서 보내라."고 했다. 이 세상에서 가장 행복한 삶은 매사를 긍정적으로 받아들이고 자연에 순응하면서 살아가는 것이라고 한다. 사람은 쾌락을 위해서만 생존하는 것은 아니다. 쾌락 그 자체는 우리 삶의 일부분이 될 뿐 전부가 될 수는 없다고 본다. 프랑스의 작가이고 비평가인 주베르는 "참되고 완벽한 행복은 영혼 전체의 평온 속"에 있다고 했다.

사물과 매사를 긍정적으로 바라보고 적은 것으로도 만족할 수 있을 때 행복감을 느낄 수 있을 것이다. 남보다 많은 재산을 가지고 있고 더 유명세를 타기도 하고 출세하였다고 스스로 자만해서 느끼는 행복감은 우리가 살아가는 데 있어서 순간적이고 찰나적이다. 영원히 지속될 수는 없지 않은가. 진정한 행복은 쟁취하는 데서 오는 게 아니라 스스로 자기 자신이 발견하는 데서 온다. 행복이 도처에 깔려 있어도 그것을 식별하거나 발견하는 눈을 가지지 못하면 끝내 불행하게 살 수밖에 없는 것이 인생사다.

초등학교 동창생 중에 대여섯 명이 매주 수요일 오전 열 시에 대공원 호숫가에서 만난다. 그곳에 마련된 의자에 앉아 서로 안부를 묻고 동창들의 근황에 대해서 이야기를 나누다 보면 많은 시간이 흘러간다. 등산에 자신이 없는 친구는 걷기 쉬운 호숫가를 거닐면서 시간을 보낸다. 등산을 하고 싶은 사람은 자기 취향에 맞는 등산 코스를 찾아 등산을 한다. 정오가 되면 흩어졌던 친구들이 다시 모여 식당으로 가서 식사를 한다.

이 모임에 참석한 친구 중에는 심장질환을 앓고 있는 친구가 있는데 수술을 해서 인공심폐기를 달고 살아간다. 신체적으로 어려움이 많지만 그것을 극복하려고 매주 수요일이면 이 모임에 참석하여 산행을 즐긴다. 건강도 다지고 많은 대화 속에서 행복을 찾으려고 무던히 애를 쓴다. 그를 바라보면 존경스러우면서도 애잔한 생각이 든다. 우리가 살아가는 데 있어서 아무리 힘이 들고 어렵더라도 자기 자신이 행복하다고 믿으면 그것이 바로 진정한 행복이 아닌가 한다.

우리 인간은 누구나 행복을 갈구하면서 즐겁게 살아가기를 원한다. 인생은 짧은데 욕망은 끝도 한도 없다면 그 욕망을 이루기 위하여 따르는 고통이 얼마나 심한지를 아는 사람은 몇이나 될까. 생사는 사람의 힘으로는 어쩔 수 없는 신의 영역이라고 한다. 우리 인간은 끝이 없이 분출되는 욕망을 억제하고 자제하면서 살아가야 한다. 그저 비우면서 살아가는 것이 선비의 정신이요 이 세상을 살아가는 데 있어서 가장 현명한 삶이라면 지나친 말일까.

생명과학이나 의학이 최첨단을 걷고 있는 오늘날 건강 문제는 자기 자신이 스스로 알아서 처리하여야 된다. 백세 시대를 눈앞에 둔 우리 인간이 인생의 끝자락을 허송세월을 하면서 넘긴다면 그것보다 더 불행한 일은 없을 것이다.

문학동아리 모임이나 그 밖에 다른 모임이 있으면 가능한 한 열심히 참석하려고 한다. 남은 인생을 물 흐르는 대로 아무 욕심 없이 보낸다면 얼마나 보람 있고 행복한 삶일까.

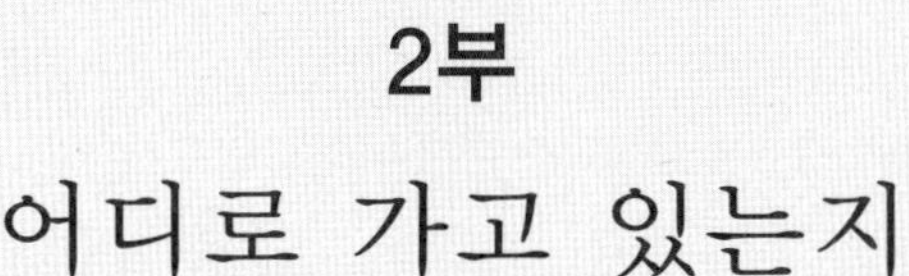

2부
어디로 가고 있는지

이중계(里中稧)란

내가 살고 있는 광창마을에는 이중계(里中稧)라는 계(稧)가 있다. 이 계(稧)는 한국전쟁이 발발한 후 전화(戰禍)로 휩쓸려 삶의 터전을 잃어버린 이웃을 돕기 위하여 자생적으로 이루어진 모임이다. 많은 세월을 거쳐 오는 동안 갖은 굴곡과 어려운 여건 속에서도 오늘날까지 그 명맥을 이어오고 있다.

한국전쟁 당시 UN군이 인천으로 상륙하여 서울로 진격할 때 인민군은 광창마을 뒷산인 '붉으무떡'과 곱돌머리에다 진지를 구축하고 서울로 진격하는 UN군과 치열한 전투를 벌였다. 이 전투로 불행하게도 집 십여 채가 화마(火魔)에 휩쓸려 불에 타 버렸다. 이로 인하여 온 마을 사람들은 생사의 기로에서 삶의 의욕을 상실한 채 실의에 빠졌다.

그 당시 나는 초등학교 6학년이었다. 아버지는 전투가 일어나기 전에 인민군에게 끌려갔다. 치열했던 전투가 소강상태를 이루자 남은 가족은 아비규환 속에서 이불을 뒤집어쓰고 마을을 탈출했다. 마치 어미 닭이

병아리를 품고 다니듯 어머니는 우리 사 남매를 데리고 정처 없이 서울 대공원을 지나 청계산을 향해 피란길에 올랐다.

지금 와서 그 시절을 돌이켜 보면 누구를 위하여 동족끼리 총을 겨누며 싸우지 않으면 안 되었는지, 억장이 무너지는 것처럼 가슴이 아프다. 이 땅에 다시는 6 · 25와 같은 민족상잔의 피비린내 나는 전쟁이 일어나서는 안 될 것이다. 열강에 둘러싸인 우리 민족은 어떤 형태의 전쟁이든 이 땅에서 일어나지 않도록 온 심혈을 기울여야 되리라고 본다.

마을이 전쟁의 화마로 초토화되자 주민들은 이대로 앉아서 죽을 수는 없다고 하면서 마흔네집이 한데 뭉쳐 이중계를 조직했다. 숟갈 하나 건지지 못하고 맨몸으로 뛰쳐나온 이웃을 이중계원들이 십시일반으로 도와주었다.

그 당시 아버지는 색장(色掌)이라는 일을 맡아보았는데 지금의 사무장이나 총무와 비슷한 직책이 아닌가 한다.

계원이 소를 팔든지 채소를 밭떼기로 팔 때에는 그 금액의 일정분을 떼어서 이 계에다 납입하도록 규정을 마련했다. 이렇게 해서 적립한 돈을 대출받고 싶은 회원이 있으면 보증인 두 사람을 세워놓고 대출해 주었다.

1960년대만 하여도 서민들은 은행 문턱이 높아 은행에서 대출받기가 몹시 힘들었다. 이중계를 통해 주민들은 돈을 차용해서 아이들을 학교에 보내고 집안에 급한 일이 발생하거나 우환이 들끓으면 약값과 병원비로 충당했다. 이렇게 근검절약하면서 살아온 삶이 오랜 세월을 거쳐오는 동안 은연중 몸에 배어 가정을 지탱해 주는 힘의 원천이 되었다.

이중계(里中稧)의 계자는 볏단계(稧)자인데 농사를 많이 짓는 집은 볏단을 많이 내고, 농사가 적은 집은 적게 내어 이 볏단으로 영을 엮어 공회당 지붕을 이었다.

음력 시월 이십 일이 돌아오면 마을 주민들은 아침 일찍부터 한복에다 흰 두루마기를 입고 마을의 주산인 '말락고개'에다 제상을 차려놓고 마을의 안녕과 번영을 기원하는 대동제(大洞祭)를 지냈다. 제가 끝나고 나면 새로 지붕을 이은 공회당으로 돌아와 국수와 막걸리로 마을 잔치를 베풀었다.

그때 차용해준 원금에다 이자를 가산해서 회수하였다. 돈이 필요한 사람이 있으면 보증인 두 사람을 세우게 하고, 베니스 상인에 나오는 '샤일록'보다도 더 엄격하고 매몰차게 대출해 주었다. 그 뜻이 너무나도 숭고하고 좋아서 아무도 불평을 안 했다.

이렇게 해서 불어난 쌈짓돈과 오십 년 전에 마을 사람들한테서 받은 찬조금으로 상여와 풍물을 보관한다는 명목으로 대지 100평을 구입했다. 1970년 들어서자 새마을사업의 일환으로 이중계원들은 열일을 제쳐놓고 모두 부역을 나와 손수 벽돌을 찍어 창고를 지었다.

그 후 경마장이 들어서 도로가 확장되자 창고 부지 30평이 도로로 들어갔다. 계원들은 남은 부지 70평에 세워진 건물을 몇 년 전에 다시 수리하여 임대를 주었다. 그 임대료를 받아 지금 이중계를 운영하고 있는데, 이 창고가 우리 마을의 효자 노릇을 톡톡히 하고 있다.

지난해에는 마을 주민들이 사라져 가는 마을의 전통과 조상님들의 깊은 음덕을 기리기 위해 마을 회관 앞에다 천오백만 원을 들여 이중계(里中稧) 비(碑)를 세워놓고 이중계로 법인 등기를 냈다.

윤호네

어느 가을날이다. 하늘은 티 없이 맑고 푸른데 윤호 아버지는 IMF 때 강남에서 사업을 하다 부도를 맞고 우리 집으로 이사를 왔다. 윤호는 나의 손자인 민규와 동갑내기다. 그는 세상 물정을 모르는 초등학교를 다니기 시작할 무렵 부모를 따라 이사를 와서 근 이십 년을 우리 식구와 함께 동고동락하면서 살다 보니 고운 정 미운 정이 다 들었다.

윤호 아버지는 강릉에서 태어나 그곳에서 성장했다. 그의 형제들은 교육계에 종사하고 있는데, 유독 그만이 사업에 손을 대었다가 낭패를 당했다. 그는 인품도 출중하지만 마음씨마저 고운 사람이었다. 사업을 일으키려고 백방으로 뛰어다니며 무던히 노력을 하였지만, 하는 일마다 실패하고 끝내 좌절의 늪에서 헤어나지 못하고 실의에 빠졌다.

그는 감기가 든 것 같이 시름시름 앓다가 수년 전에 다시 올 수 없는 다리를 건너갔다. 그런 역경 속에서도 윤호는 티 없이 밝은 모습으로 성장하여 비록 대학은 나오지 않았지만 3사관학교를 졸업한 후 우리나라

국방의 일익을 담당하고 있는 늠름한 장교가 되었다.

IMF 때 나는 청계천 변에 있는 방산시장에서 장사를 했다. 그 당시 시장 내에서 부도를 맞지 않은 사람은 거의 없는 것으로 안다. 잘나가던 사람들이 줄줄이 도산되어 점포를 닫고 시장을 떠나는 애처로운 모습을 보고, 오랜 기간 충격에서 벗어나지 못하였다. 그 후 삶의 의욕과 식욕을 잃어버린 채 오랜 기간 깊은 좌절의 늪에서 헤맸다.

그 당시 기업 등의 구조조정 및 정리해고가 이루어지면서 실업자는 기하급수적으로 늘어났다. 수많은 가정이 파탄이 났고 자살률도 크게 증가했다. 개인 신용불량자는 급속도로 늘어나고 많은 아이들이 고아로 버려졌다. 나도 그 무렵 부도를 맞아 작은 집 한 채가 되는 돈을 날렸다. 그때부터 장사가 부진하여 팔방으로 뛰어다니며 재기하려고 몸부림을 쳐보았지만, 사양길에 들어선 섬유업계와 함께 30년간 이어오던 사업을 접고 폐업을 하였다.

비정규직의 양산과 부익부 빈익빈의 양극화 현상이 상상외로 심각하게 대두되었다. 주위에 있는 많은 사람들이 직장을 잃고 고국을 떠나 이민 길에 올랐다. 이때 나도 큰 타격을 받았지만, 집안이 망할 정도로 큰 손실을 당하지 않아 그나마 다행스럽게 생각하면서 지금껏 살고 있다. 그런데 요즘 카드를 사용하다 보니 본의 아니게 지출이 많아졌다. IMF와 같은 일이 되풀이되어서는 안 된다. 수입은 적은 데 씀씀이가 커지고 거기에다 왜 마음마저 해이해질까.

윤호 어머니는 남편 못지않게 성품이 착하고 온화한 사람이다. 그런데 남편을 잘못 만나 갖은 고생을 하면서 오직 윤호 하나만 바라보며 살아간다. 어느 부모나 자식 사랑은 하늘같이 높고 바다같이 깊지만, 슬하의 자식 하나밖에 없는 윤호 어머니의 자식 사랑은 유별나다. 요 근래에는 식당에서 일을 하다가 일이 없으면 하우스에서 농사일을 거들면서 지낸다.

갑작스러운 남편의 죽음으로 실의에 빠져 있는데 윤호마저 군인이 되어 그의 곁을 떠나자, 홀로된 윤호 어머니는 술을 입에 대면 며칠을 두고 마신다. 근래에 와서는 자기도 모르는 사이에 알코올 중독자가 되어 방세는커녕 자기 몸마저 지탱하기가 힘든 모양이다. 왜 멀쩡한 사람들이 아편이나 술에 중독되면 폐인이 되어버리는지….

그녀는 혼자 살기가 적적한지 개 2마리를 기르면서 살아간다. 이사를 할 때 처분을 하지 못하여 몹시 애를 태웠는데 다행스럽게도 개를 키우겠다는 귀인이 나타나서 한시름 놓고 이사를 한다. 요즘도 술만 취하면 전화가 온다. 마음이 안정이 안 되고 정을 붙일 때가 없는 모양이다. 전화 올 때마다 술에 취하여 횡설수설하며 개 안부를 묻는다. 집사람은 좋은 세상에서 더 살려면 제발 술을 끊으라고 주문을 하지만 마이동풍이다.

우리 집을 새로 짓는 바람에 윤호네는 본의 아니게 이사를 하게 된다. 윤호는 이사를 하던 날 찾아와서 아버지가 진 빚을 갚느라고 밀린 방세를 주지 못하고 떠나게 되어 죄송하다고 한다. 부모를 모시면 군인아파트로 입주를 할 수는 있는데 워낙 신청자가 많아 시간이 많이 걸린다고 한다. 가진 게 없다 보니 급한 대로 봉천동 서울대학교 근처에 있는 보증금이 가장 저렴한 원룸을 하나 얻어 이사를 할 것이라고 한다.

'황금돼지의 해'인 기해년이 시작되었다. 나는 금년에는 집을 새로 지어 3대가 함께 살려고 한다. 윤호도 진급을 하여 훌륭한 장교가 되고, 그의 엄마도 술 중독에서 벗어나기를 소망한다. 윤호네도 열심히 살다 보면, 남부럽지 않게 잘살 날이 꼭 올 것이다.

우리 고장 청계산

청계산은 청룡이 승천했다고 해서 일명 청룡산이라고 부른다. 토양이 부드러워 울창한 나무들이 빽빽이 들어서 있으며, 매봉, 국사봉, 망경대, 옥녀봉 등 우뚝 솟은 봉오리가 빼어나게 아름답다. 관악산에 연주암이 있다면, 청계산에는 청계사가 있다.

청계사는 의왕시 청계마을에 자리를 잡고 있는데, 방향이 남향을 바라보고 있어 하루 종일 햇살이 찾아든다. 이 사찰은 수원에 있는 조계종 제2교구 본사인 용주사 말사인데 신라 때 창건하였다. 고려 때에 들어서는 조인규가 막대한 사재를 들어 중창하였다. 현존하는 문화재로는 동종과 청계사 소장 목판이 경기유형문화재로 지정되었다.

절 입구에는 2개의 사적비가 있고, 사찰 주위의 계곡이 경북 영주에 있는 희방계곡 못지않게 아름답다. 이 희방계곡은 젊은 시절 잠시 영주에 머물고 있을 때 지인들과 다녀온 곳인데 주위 경관이 너무 아름다워 많은 세월이 흘렀는데도 잊혀지지 않는다.

정오가 되면 사찰 안에서 마련한 음식으로 많은 등산객들에게 점심을 무료로 제공한다. 나도 예전에 등산길에 올라 절에서 마련한 비빔밥으로 점심을 맛있게 먹은 적이 있다. 어느 날은 복권에 당첨되듯 식사 외에 맛있고 따듯한 떡을 얻어먹는 행운을 얻었다. 이날은 기분이 상쾌하여 음치이지만 하루 종일 노래를 흥얼거리며 산행을 즐긴다.

고려가 멸망하자 충신이었던 조윤은 송도 개경을 떠나 이곳 청계산에 입산하였으며, 중신이었던 많은 충신들이 망경대에 올라 개경을 바라보며 통곡하였다는 가슴 아픈 일화가 전해져 내려오고 있다. 특히 이곳은 과천시, 의왕시, 성남시, 서초구 등 4개 시와 경계를 이루고 있다. 이곳 주민과 각처에서 몰려오는 등산객들로 심한 몸살을 앓는다.

나는 옥녀봉에서 뻗어 내린 산줄기 밑에 자리 잡은 광창마을에서 태어나 이곳에서 팔십 평생을 살아간다. 어린 시절을 친구들과 산을 오르내리며 산열매를 따먹기도 하고, 산골짝으로 흐르는 맑은 계곡물에서 물고기와 가재를 잡으면서 많은 시간을 보냈다.

꽃이 만발한 따스한 봄날이 찾아들면 주전부리가 없어 화사한 진달래 꽃잎을 따먹으면서 어린 시절을 보냈던 슬픈 일이 있었다. 그땐 왜 그렇게 먹을거리가 없고 살기가 어려웠는지, 내 어린 시절과 청계산은 실과 바늘과 같아 떼어놓을래야 떼어 놓을 수가 없다.

농한기에는 아버지는 늘 청계산에서 땔나무를 해서 서울로 팔러 다녔으며, 봄이 오면 어머니는 마을 여인들과 망경대까지 올라가 산나물을 뜯어 그것을 팔아 살림에 보태 쓰려고 서울 거리를 헤매고 다녔다. 이곳은 산 주위에 흩어져 살고 있는 모든 사람들의 생명줄이고 보고였다. 농경시대에는 땔나무와 산나물로 먹을거리를 제공해 주었다. 그런데 요즘 웰빙시대에는 건강을 지탱해주는 등산로로 탈바꿈을 하고 있다.

청계산은 각처에서 밀려오는 등산객들로 심한 몸살을 앓는다. 특히 주말이면 수도권에서 찾아오는 많은 직장인들과 주위 주민들의 휴식공간으로 이용되고 있다. 거동이 불편한 노인들은 산이 완만하고 대공원 전철역이 가까워서인지 의외로 많이 찾아온다.

등산로는 대공원 호숫가를 도는 코스와 삼림욕장과 산 정상을 걷는 코스가 있다. 호숫가는 노인층이 많이 이용하고 있으며, 삼림욕장은 길이 평평하여 어린이들을 데리고 부인들이 많이 찾아든다. 산 정상으로 이어지는 등산코스는 길이 가파르고 바위가 많은 난코스이지만 울창한 나무들이 하늘을 가리고 있어 젊은이들이 좋아하는 코스다.

K라는 초등학교 친구는 이웃 마을인 '능안말'에서 살았다. 그런데 그 마을은 경마장이 들어섰을 때 수용을 당해 마을 자체가 지도상에서 사라졌다. 그 마을에서 자란 그 친구는 팔십이 넘었는데도 젊은이들 못지않게 서초구 옛골에서 출발하여 옥녀봉 정상까지 올라간 후 과천 서울대공원으로 내려오는 코스로 등산을 한다.

그런데 요즘 나는 건강을 다진다는 명목으로 초등학교 동창생 몇몇이 산행을 한다. 전에는 망경대 밑으로 흐르는 계곡을 따라 산 정상으로 올라가 '옛골'로 내려오는 경관이 빼어난 코스를 좋아했다. 요 근래에는 갑자기 건강이 좋지 않고 기력이 떨어져 가볍게 호숫가를 도는 것으로 만족한다.

옛골은 서초구 원지동에 있는 마을이다. 나의 대고모님이 이 마을로 출가하여 평생 동안 사시던 곳이다. 주민들은 대대로 농사를 짓고 살아왔다. 요즘은 음식점을 차려놓고 등산객들을 상대로 도토리묵, 손 두부, 메밀묵 등 토속적인 음식으로 영업을 하고 있다. 청계산 정상을 오르내리며 산행을 마치고 옛골로 내려오면 어린 시절 사촌들과 대고모님께 세배하러 다니던 일들이 떠오른다.

우리 집 골목

광창마을은 수백 가구가 한데 어우러져 살아간다. 특히 광창3로에 있는 우리 집 골목 안은 작은 빌딩, 단독주택, 다세대주택 등등 오륙십 가구들이 모여서 산다. 빌딩으로 출퇴근하는 사람들과 택배사무실에 종사하는 사람들을 합치면 그보다 더 많은 사람들이 골목 안에서 들끓는다.

경마공원과는 철조망 하나로 경계를 이룬다. 경마가 있는 날에는 골목 안은 경마인이 타고 온 차와 그들이 버린 쓰레기로 항상 몸살을 앓는다. 마을의 주차난을 해소해 주려고 우리 고을 과천시에서는 십여 년 전부터 공영주차장을 만들어 운영을 한다. 우리 광창마을은 주차장 운영권을 시에서 위탁을 받아 주말이면 주차장에 나와서 일을 한다. 그런데 주차료가 유료가 되어서인지 일부 경마인 들은 공영주차장을 이용하지 않고 골목 안으로 들어와 남의 집 대문 앞이건 어디든 빈 공간만 있으면 비집고 들어와 주차를 하려고 한다.

경마가 있는 날은 경마인 들이 타고 온 차량들과 주민들의 차량으로 골목 안은 늘 아수라장이 된다. 마을에서는 다각적으로 검토를 하고 심사숙고한 끝에 골목 안을 지키고 주차난을 해소하려고 골목 입구에다 초소를 마련했다. 조립식으로 만든 초소에는 주민들 한 사람씩 나와서 오전 오후로 교대를 하면서 차량들을 단속을 한다.

마을을 청결하고 깨끗하게 하려고 과천시에서는 수년 전부터 집집마다 음식물 찌꺼기 수거용기를 마련해 놓았다. 음식물 찌꺼기는 매주 월, 수, 금 3일간 시청에서 운행하고 있는 차량이 직접 골목 안으로 들어와 수거를 해 간다. 그런데 자기 집에도 수거함이 있는데도 굳이 남의 집 수거함에다 넣어서는 안 될 요구르트병과 산업쓰레기를 검은 비닐 속에 넣어서 버리는 얌체족이 있다. 과천시에서는 이물질이 들어 있으면 수거를 하지 않는다.

경고문을 붙여놓고 홍보를 해보았는데도 별로 효과가 없다. 이웃 주민들과 대화를 나누어 보았는데도 마이동풍(馬耳東風)이다. 몰래카메라를 설치하려 했지만, 그것도 사람이 할 짓이 아닐 것 같아 아예 음식물 수거 용기를 집안에다 들여다 놓고 수거할 때마다 대문 앞에다 내어놓는다.

이런 일을 되풀이할 때마다 밥알 한 알이라도 소중하게 여기면서 마당 앞에 퇴비장을 만들어 놓고 유기농 퇴비를 사용하시던 아버지 모습과 농사를 짓던 보릿고개 시절이 떠오른다. 살아가기가 힘들었던 시절이었지만, 순박했던 그 시절이 마냥 그리워진다.

새벽 다섯 시에 집을 나오면 우리 집 골목 안는 파지를 줍는 사람과 쓰레기를 치우는 사람이 어둠의 장막을 제치고 일을 한다. 어떤 사람은 열악한 환경 속에서도 남에게 피해를 주지 않고 열심히 살아가는가 하면 정도를 벗어나 법망을 피해 가면서 살아가는 얌체족도 있다. 선과 악이 존재하고 있는 한 이러한 일은 어느 시대나 어느 사회를 막론하고 늘 발생한다. 앞으로도 계속 발생하리라고 본다. 어렸을 때부터 자라나는 자녀들에게 악과 선을 분별할 수 있는 힘을 길러 주어야 한다. 또 한 인간이 지녀야 할 덕목 중의 하나인 인성교육을 철저히 지도하고 가르쳐야만 장차 우리 사회가 아름다운 사회가 되리라고 본다.

도시도 아니고 농촌도 아닌 어정쩡한 마을에서 살고 있는 나는 우리 마을 골목마다 정이 들지 않는 곳이 없다. 젊었을 때에는 직장 관계로 고향을 떠나 타지에서 살았던 일도 있었지만, 그 후 대부분의 시간을 내가 태어나고 성장한 이 골목 안에서 보냈다.

겨울철이 돌아와 골목 안에 눈이 쌓이게 되면 집사람과 나는 빗자루와 넉가래를 들고 눈을 대문 앞까지 치운 후 골목 안에 쌓인 눈을 도로 입구까지 쓸어낸다. 그런데 골목 안에서 살고 있는 사람들은 마지못해 자기 집 앞에 쌓인 눈을 치울 뿐 골목길에 수북이 쌓인 눈은 쳐다보지도 않으려고 한다. 이런 이기적인 사람들과 골목 안에서 부대끼며 살다 보니 많은 스트레스를 받는다.

보릿고개 시절 허리띠를 졸라매고 농사를 짓던 일들이 잊혀지지 않는다. 산업사회에서 풍족하게 사는 것보다도 초가집 속에서 어렵게 살았던 농경사회가 더 그리워지는 것은 무슨 까닭일까.

오늘과 내일

1박 2일의 일정으로 남해안으로 여행을 떠난다. 아침 8시에 마을 회관에서 출발하여 경부고속도로를 타고 가서 11시가 되어서야 법주사에 도착한다. 큰 아름드리 참나무가 우뚝 서 있는 곳에서 단체 사진을 찍고 많은 자연림이 늘어선 도로를 걷다가 법주사 경내로 들어선다.

탑 주위에 많은 사람들이 모여 합장을 하며 예불을 올린다. 나도 많은 사람들 틈에 끼어 합장을 하고 삼배를 올린다. 목탁 소리가 들려오는 대웅전 안으로 들어선다. 대웅전 마룻바닥에 무릎을 꿇고 불경을 외우고 있는 스님을 따라 예불을 올린다. 순간 나는 종교는 무엇이며 왜 나는 이곳에서 불공을 드리는지, 깊은 상념에 빠져든다.

왕자의 신분으로 온갖 부귀영화를 약속받았던 '고타마 싯다르타'가 보리수 밑에서 세상의 괴로움이 무엇인지 깨달아서 창시한 교가 불교이다. 나는 불교에 대한 지식이 얄팍하다. 남이 하니까 덩달아 불교 신자인 척하면서 사찰을 찾는 것은 아닌지…. 예불을 마치고 대웅전을 나서자 독경 소리와 풍경 소리가 더욱 맑고 청아하게 들려온다.

관광차는 경주휴게소에서 잠시 머물다 부산 용궁사를 향하여 계속 달린다. 오후 4시경에 동양철학 육십갑자 십이지상이 봉안된 사찰 입구에 도착한다. 그곳 입간판이 서 있는 곳에 춘원 이광수의 시비와 “청산은 나를 보고 말없이 살라 하고 창공은 나를 보고 티 없이 살라 하네”라고 노래한 나옹화상의 시구(詩句) 가 있는 간판이 나온다. 이곳에 서서 시를 감상하다 용궁사로 향해 걷는다.

해동용궁사 앞에는 망망대해가 펼쳐져 있다. 하늘과 맞닿는 곳에는 성냥갑만 한 배 한 척이 어디로 가고 있는지 떠다닌다. 파도가 하얀 포말(泡沫)을 이루며 바위를 때린다. 사찰 앞은 온통 검은 바위다. 울창한 나무들로 둘러싸여 있으며 고색이 찬연한 사찰 자체가 한 폭의 풍경화다.

해동용궁사는 고려말 공민왕의 왕사였던 나옹화상이 창건하였다. 한국 3대 관음성지(觀音聖地)인 양양 낙산사와 남해 보리암과 함께 유명한 사찰 중의 하나이다. 바다와 용과 관음대불이 조화를 이루고 있는 사찰이다.

용궁사는 진심으로 기도를 드리면 누구나 다 현몽을 받고 한 가지 소원을 이룬다는 영험한 곳이다. 계속 관광객들이 몰려온다. 밀물처럼 밀려왔다가 썰물처럼 빠져나간다. 용궁사를 떠나 동백섬으로 이동한다.

해운대는 원래 섬이었다. 그런데 육지에 가까이 있어 흐르는 물에 흙, 모래, 자갈 등이 쌓이면서 육지와 연결되었다. 해운대 앞에 있는 동백섬은 많은 동백나무와 작은 소나무들이 자라고 있다. 공원 중앙에는 통일 신라 말기의 학자이고 문장가인 최치원 선생의 동상과 기념비가 있는데 이곳 동백섬을 찾는 많은 관광객들의 눈길을 끈다.

해운대 비치호텔로 간다. 네 사람씩 짝을 지어 방을 배정받는다. 우리 일행은 소주를 마시면서 그동안 쌓인 회포를 푼다. 화원을 하고 있는 전

씨는 술이 몹시 취해 밤새 화장실을 드나든다. 그는 애석하게도 여행을 다녀온 후 얼마 있다가 세상을 떠나고 만다. 전 씨 옆에서 잠자고 있던 이 씨는 코를 심하게 곤다. 그 바람에 나는 밤잠을 설치고 새벽이 되어서야 겨우 잠자리에 든다.

전에 같이 여행했던 회원들이 세월 따라 하나둘 세상을 떠나고 있다. 지금은 새로운 회원들이 빈자리를 채워가며 여행을 한다. 이것이 인생이라고 생각하니 감회가 새로워진다. 잠자리에서 일어나 보니 '오늘은 어제가 되었고 내일은 오늘'이 되어 아침 식사를 한다. 벌써 하루가 가고 오늘이라는 하루가 새로 시작된다.

부산 자갈치시장으로 간다. 채소 농사를 짓고 있는 이 씨는 차에서 내려 고래고기를 사 들고 온다. 우리 속담에 '고래 힘줄'같이 질긴 놈이라는 말이 있다. 고래고기가 회로 먹기에는 질기다. 그래도 우리는 여행에 들떠 고래고기를 안주로 하면서 부산에 있는 가덕대교, 가덕휴게소, 가덕해저터널을 통과한 후 거가대교로 간다.

이 대교에서 바다를 배경으로 단체 사진을 찍고 통영으로 와서 향긋한 굴밥으로 점심 식사를 한다. 통영은 동양의 나폴리라 부르고 있듯이 해변이 매우 아름답다. 바다에 널려 있는 배들과 봉긋봉긋 솟아 있는 산세, 주위를 날고 있는 갈매기와 새 떼들을 바라다보면 그 경관에 나도 모르게 빠져든다.

우리는 통영에 자랑거리인 멸치 한 상자씩 사 들고 차에 올라 1박 2일 여행 일정을 모두 마치고 귀갓길에 오른다.

어머니의 꽃밭

어머니는 어려운 살림 속에서도 꽃을 심고 가꾸는 것을 매우 좋아하셨다. 오월이 돌아와 활짝 핀 꽃과 야생화로 물들어 있는 산과 들을 바라보면 울안이나 안마당 한구석에다 조그마하게 정원을 만들어 놓고 꽃을 가꾸시던 생전의 어머니 모습이 떠오른다.

집안에서 싸우는 소리나 높은 언성이 담장 밖으로 나가면 집안에 액이 끼어들고 불행이 숨어든다는 것이 어머니 생각이다. 우리 집은 육 남매가 되어도 싸우는 소리가 나지 않고 늘 조용했고, 한평생을 살아오는 동안 큰 죄를 짓지 않고 오늘날까지 순탄하게 살아오고 있다. 꽃을 좋아하신 어머니의 고운 심성과 자식에 대한 깊은 사랑이 이 험난한 세상에서 우리를 지켜주고 올바른 길로 들어서게 한 것은 아닌지 많은 생각을 하게 한다.

그 당시는 암울했던 일제 치하라 혹시 자식들이 잘못될까 봐 꽃같이 아름답고 착한 심성을 가지라고 꽃을 심은 것은 아닌지…. 또한 사회가 혼란스러워 밖으로 나다니다가 혹시 무슨 봉변이나 불상사를 당하지 않을까 하는 노파심 때문에 꽃에 대한 집념이 강하지 않았나 하는 생각이 든다. 또한 꽃을 통해 자식들이 완벽한 인간의 존재처럼 느껴지게 하고 어머니 자신도 꽃처럼 아름답기를 바라서인지도 모른다.

우리 집은 급격한 산업화와 도시화의 물결로 대대로 내려 온 농업이 타산이 맞지 않아 폐농한 지가 오래된다. 집사람은 근래에 와서는 꽃보다 여름내 즐겨 먹을 상추, 고추, 토마토, 호박 등을 조금씩 심으면서 가족의 건강을 위하여 무던히 애를 쓴다.

현대 생활에서 자연환경이 점점 오염되고 농약도 많이 뿌려 먹을거리가 걱정이 되어 사회 이슈가 된 지 꽤 오래되었다. 집사람은 가족이 먹을 야채는 시장에서 구입을 하지 않고 친환경적으로 가꾸려고 애를 쓴다. 또한 달리 생각하면 예전보다 꽃이 어디를 가도 지천으로 널려있고 흔한데 굳이 안마당까지 심을 이유가 없지 않겠나 하는 생각 때문에 야채를 선호한 것은 아닌지…. 시어머니와 며느리 두 여인이 살아온 근대와 현대의 시대를 나타내는 것 같은 생각이 든다.

어머니는 꽃 중에서도 붉은 장미, 봉선화, 백합꽃을 매우 좋아하셨다. 특히 봉선화는 일제 식민지시대에 홍난파 선생이 발표한 곡으로서 나라 잃은 우리 민족의 한이 맺힌 노래다. 한 시대에 시대상인지 그 당시에는 어느 가정이건 집안에다 봉선화를 많이 심었다. 집안으로 뱀이 들어올까 봐 심었다는 이야기도 있고 여자들의 외모 가꾸기를 위해서라는 말도 전해져 내려온다.

어머니는 여름철이 돌아오면 봉선화를 집안에다 심으시고 그 꽃잎으로 자식들 손톱에다 붉게 물들여 준다. 요즘은 봉선화 꽃물을 들이고 다니는 아이들이 보이지 않는다. 한때는 그리도 유행이었는데…. 그 당시에는 왜 손톱이나 발톱에 붉게 물들이고 다녔는지.

안사람은 금년에도 예년과 다름없이 수돗가 자투리땅에다 고추와 토마토 모를 심고 닭똥을 듬뿍 준다. 전에는 청양고추를 선호하였는데 매워서인지 금년에는 달짝지근한 아삭이고추를 심는다. 머위와 돗나물이 죽었던 줄기에서 새싹이 솟아오른다. 오월 달에 들어서자 떡잎 같은 푸른잎을 펄렁이며 세상을 제압이라도 하듯이 싱그럽게 잘 자란다. 그 푸른 잎 속에서 어머니가 생전에 가꾸시던 '어머니의 꽃밭'이 아롱거리는 것은 웬일인지 모르겠다.

어떤 친구의 부음

친구의 갑작스러운 죽음이 스마트폰을 통해 들려왔다. 평소 술도 안 먹고 건강했던 친구가 갑자기 세상을 떠났다고 하니 도저히 믿을 수가 없다. 전화가 잘못 온 것은 아닌가 하고 처음에는 반신반의했는데, 결국 그는 다시는 돌아올 수 없는 긴 강을 건너갔다.

부음을 알려온 사람은 친구의 아들이다. 평소 친구를 통해 인테리어 직업을 가지고 있는 그의 근황을 많이 들었는데 한 번도 만나 본 적은 없다. 그런 아들한테서 아버지 친구들에게 부음을 전해 달라고 하는 부탁의 전화가 왔다.

그 순간 친구들에게 부음을 알려야 하나 망설여졌지만, 마지막 가는 그를 생각해서 연락을 했다. 그런데 전화를 받는 친구들마다 내가 민망할 정도로 반응이 없고 시큰둥하다. 왜 그는 친구들한테 환대를 받지 못하게 되었는지….

세상은 언제나 봄날같이 따스하고 한없이 관대한 것만은 아닌 것 같다. 상상외로 얼음장같이 차갑고 냉혹한 것이 세상사다. 생각다 못해 나라도 다녀와야겠다며 강남 세브란스장례식장을 찾아갔다. 영정 앞에 서니 만감이 교차되며 생전의 그의 모습이 파노라마같이 스치고 지나간다. 문상객은 보이지 않고 상복을 입은 상주만이 자리를 지키고 있는 모습이 쓸쓸하다.

처음에는 마지막 가는 친구에게 술 한 잔 따라주지 않은 친구들이 밉고 원망스러웠지만 “평소에 베풀면서 덕을 쌓고 살라”는 성현들의 말씀이 떠오른다. 그 친구는 마지막 눈을 감을 때 무슨 생각을 하였을까. 한 번 왔다 가는 인생 어떻게 살다 가는 것이 값진 인생인지 나이를 먹어갈수록 지갑을 열고, 입은 다물고 살라고 한 것을 망자는 알았을까. 살아 있을 때 친구들에게 밥 한 끼 제대로 산 적이 없었다고 그를 아는 친구들은 이구동성으로 말을 한다. 왜 젊어서부터 그렇게까지 허리띠를 졸라매고 살아야만 했는지….

친구는 막내로 태어나 일찍 조실부모하여 부모님의 따뜻한 사랑을 받아보지 못하고 부모 같은 엄격한 형님 밑에서 어린 시절을 보냈다. 거기에다 형님한테는 자기하고 나이가 엇비슷한 자식이 있었는데 형수는 어릴 때부터 자기 자식만 편애하고 시동생인 그를 일체 돌보지 않았다고 한다. 형님마저 형수를 닮았는지 그에게 냉혹하고 무관심한 모양이었다. 이렇게 혼자 외롭게 자란 친구는 늘 사랑에 굶주렸고 믿을 때라고는 자신밖에 없다는 것을 일찍부터 깨달았지 않았나 하는 생각이 든다.

망자의 부인이 초췌한 모습으로 자식들에게 “아버지하고는 고등학교 친구들 중에서 제일 친한 친구”라고 나를 소개를 한다. 그 순간 이십여 년 전 추석을 앞두고 제주도 여행길에 오르던 생각이 떠오른다.

청계천에서 장사를 할 때 망자의 내외와 우리 내외는 2박 3일 일정으로 제주도를 다녀왔다. 그때 나의 아들이 중문단지에 있는 호텔을 미리 예약을 해 두었다. 자식 덕에 우리는 망망대해가 펼쳐진 검푸른 바다가 보이는 호텔 특실에서 편안하게 여가를 보낼 수 있었다.

그 당시 집사람과 가깝게 지내던 친구가 있었다. 그 부인의 아들이 제주도에서 관광가이드를 한다. 그의 어머니 소개로 가이드의 봉고차를 타고 다니며 3일 동안 추사 김정희 선생님의 유배지를 필두로 해서, 하멜기념비가 세워진 용머리 해안, 서귀포시 서귀동에 있는 정방폭포, 제주 관덕정, 제주 목관아, 중문관광단지 등등 수많은 명승지를 찾아다니면서 여행을 즐겼다.

가장 인상이 깊었던 일은 한라산 정상에 있는 백록담을 다녀온 일이다. 지금도 양재천에 자전거를 타고 가다가 활짝 핀 야생화를 보면 그 당시 백록담 근처에서 무리를 지어 피어있는 야생화 생각이 난다.

여행 중 하나라도 더 구경을 시켜 주려고 무던히 애를 쓰던 가이드의 모습이 떠오른다. 그런데, 그 가이드는 불행하게도 우리들이 제주도 여행을 다녀온 후, 바다에서 수영을 하다가 심장마비로 세상을 떠났다고 한다.

지금은 절주를 하고 있다. 하지만 청계천에서 장사를 할 때에는 오랜 기간 친구들과 어울려 술을 마셨다. 그런 생활이 은연중 몸에 배어서인지 오랜 세월 가정을 등한시하고 술을 즐기며 살아왔다. 그로 인하여 본의 아니게 가정을 돌보는 데 소홀하고 집사람에게 심적 고통을 많이 안겨 준 것 같다. 그런데 나와는 정반대로 그 친구는 금연과 절주를 하면서 가정을 반듯하게 꾸려나갔다. 여행 중에도 낭비를 하지 않고 돈을 절도 있게 지출했다. 그렇게 살아가는 방법이 다른 사람끼리 여행을 다니다 보니 불편한 점이 한두 가지가 아니었다. 그러나 이 친구와 3일간 지내면서 나의 삶을 뒤돌아볼 수 있는 성찰의 기회를 가진 것이 크나큰 수확이었다.

그 친구는 재산은 좀 모았지만 친구들하고 어울려 가며 살지는 못했다. 늙어서는 당뇨까지 찾아와 걷지도 못하고 집안에서만 지내다 합병증까지 찾아와 결국 세상을 등지고 말았다.

풍성했던 가을이 어느새 지나갔다. 친구는 가고 나에게도 찬바람이 숨어드는 계절이 찾아왔다. 서쪽 하늘에 노을이 붉게 물들어가고 있다. 지금 이 순간에도 주위에 있는 많은 사람들이 내 곁을 떠나고 있다. 나도 얼마 있으면 저 구름이 흘러가듯 저세상으로 갈 텐데 남은 인생 어떻게 보내는 것이 좋을까,

어디로 가고 있는지

칠월 달로 들어서자 온 산하가 초록색으로 물들어 간다. 또한 모든 사람들에게 꿈이 서려 있는 휴가철을 안겨준다. 칠월은 삼복도 끼어 있는 데다 날씨가 워낙 더워 대부분의 사람들이 여행을 하는 것을 선호한다. 요 근래에 와서는 외국 여행길에 오르는 사람들이 많아진다. 그러나 나는 당일 코스로 푸른 바닷물이 일렁이는 바닷가를 찾는 것을 선호한다.

월요일이 돌아오면 달력을 들여다본 후 일주일간 이루어지는 일정을 스마트폰에 메모를 해둔다. 한 번 가면 다시 오지 않은 인생, 팔십이 되다 보니 너무도 빨리 세월이 흘러간다. 이번 월요일은 7월 들어 두 번째 맞는 월요일이다. 요즘은 이상 기온이 연일 계속된다. 삼복이 오지도 않았는데 아열대 현상을 빚어내는 가운데 며칠 전부터는 예상치 않은 장맛비로 일상생활이 뒤죽박죽되어버린다.

오늘은 새벽부터 비가 내리기 시작한다. 유월만 해도 온 나라가 가뭄으로 허덕이고 하천 바닥이 쩍쩍 갈라졌는데 칠월 들어서서는 호우를 동반하여 하루가 멀다 하고 비가 쏟아진다. 비가 오는 날에는 삽을 들고 논두을 걸으며 물꼬를 보러 다니시던 생전에 아버지 모습이 떠오른다. 그리고 가족들이 마룻바닥에 앉아 쏟아지는 비를 바라보며 감자, 호박, 옥수수를 먹으면서 보낸 어린 시절이 마냥 그리워진다. 그때 같이 앉아 있던 부모님은 이미 저세상으로 가셨고, 형제들은 사방으로 흩어져 제각각 제 길을 걸어가고 있다.

젊었을 때는 5분이면 충분히 갈 수 있는 전철역을 나이가 들다 보니 아무리 빨리 걸으려고 해도 10분이 소요된다. 오늘은 비가 워낙 세차게 쏟아져 큰 우산을 받쳐 들었는데도 옷이 젖어 든다. 옷이 젖고 축축하다 보니 빨리 걷고 싶어도 걸을 수가 없다. 차는 무엇이 그리 급한지 도로에 고여 있는 빗물을 튕기며 물벼락을 치며 달린다.

하늘은 검은 먹구름으로 덮여 있다. 텅 빈 도롯가를 빗속을 뚫고 걷고 있는 사람은 한 사람도 보이지 않는다. 길가에 서 있는 저 나무들은 비가 쏟아지는 것을 알고나 있을까. 비를 맞으며 바람 부는 대로 나뭇가지들이 자지러들게 흔들린다. 그 모습이 꼭 빗속을 걷는 내 모습과 흡사하다.

자전거를 타고 다니면 속도를 자유자재로 조절할 수 있다. 그러나 걸어서 다니다 보면 나이가 팔십이 되고 보니 아무리 급한 일이 있어도 빨리 걸을 수가 없다. 기력이 떨어지고 나이가 들면 하늘에서 벼락이 떨어져도 달팽이 모양 느릿느릿 다닐 수밖에 없다. 이것이 인생사라고 생각하니 마음이 겨울날같이 허전하고 쓸쓸하다.

4호선 전철에 올라 전철 안을 살펴보니 일반석 한 줄 의자에 7명의 승객이 앉아 있다. 6명은 스마트폰을 두드린다. 그중에 오십이 되어 보이는 여자 한 분만 책을 들여다보고 있다. 이어폰을 귀에 걸고 있는 사람은 무슨 일이 곧 터질 것 같은 표정으로 스마트폰을 두들긴다.

요 근래에 와서는 전철 안이나 전철 밖이나 온 세상이 스마트폰 일색이다. 내일은 어떠한 일이 일어날까. 지금 우리는 어디로 가고 있는 건지 꿈을 꾸고 있는 것은 아닌지.

어느 뜨거운 여름날

올여름은 유난히도 덥다. 기상청에서는 100년 만에 처음 오는 더위라고 연일 보도한다. 매일 38도를 오르내리는 살인적인 무더위로 밤마다 잠을 이루지 못하고 뜬눈으로 밤을 새운다. 밥맛마저 떨어지고 삶의 의욕마저 잃어버린다. 시청에서도 수시로 폭염주의보를 스마트폰을 통해 알려온다. 매미도 날씨가 더워서일까 '가는 세월이 아쉬워서일까' 안마당에 있는 감나무 가지에 붙어 연일 울어 댄다.

광창마을 원로회원 십여 명은 몇 년 전부터 마을의 화합과 회원들의 친목을 위해 일 년에 여름, 겨울 두 차례에 걸쳐서 국내 여행을 한다. 그런데 금년 여름에는 고향을 떠나 외지에서 살고 있는 사람들을 초청을 한다. 금년 여름은 원로회장이 특별히 찬조를 하면서 예년과 달리 무더위가 극성을 부리고 있으니 좀 가격이 비싸더라도 영양가 있고 좋은 음식으로 회원들의 건강도 챙기고 기력도 보강을 하자고 한다.

우리 일행 20여 명은 포천 이동에 있는 '수궁장'에서 불고기 파티를 연다. 이곳 수궁장은 연못과 울창한 나무로 둘러싸여 있으며 주위 환경이 매우 수려하다. 연못은 넓고 맑은 물이 넘실대고 수초들이 떠 있어 더욱 수궁장의 운치를 자아내고 있다.

오래간만에 만난 회원들은 분위기에 휩쓸려 소주를 많이 마시면서 그동안 지내온 이야기들을 끝이 없이 이어가며 시간을 보낸다. 초청을 받은 사람 중에 한 사람인 S 씨가 오늘 초청한 답례로 여행비용 일체를 혼자 전담하고 빠른 시일 안에 여행 일정을 잡아 고향을 떠나 외지에서 살고 있는 사람들과 고향에 남아 있는 사람들을 초청하여 하루를 즐기겠다고 한다.

S 씨는 입추는 지났지만, 더위가 기승을 부리고 있는 가운데 광창마을에서 태어난 노인들 삼십여 명을 초청을 한다. 관광버스는 마을회관에서 이들을 태우고 출발하여 한강을 지나 남양주시 수동면 비룡로에 있는 몽골문화촌을 찾아간다.

우리 일행은 12시에 깊은 산속에 파묻힌 몽골문화촌에 도착한다. 이곳에서 점심식사를 마치고 마상공연을 보러 간다. 지난번 제주 여행에 이어 이곳에서 다시 마상공연을 볼 수 있어 감회가 새로워진다. 38도를 오르내리는 대낮에 바람 한 점 없는 마상에서 신출귀몰(神出鬼沒)하듯 묘기를 보여주고 있는 이들 몽골인들을 보면 칭기즈칸 후예답게 용맹스럽다.

그들은 이곳에 와서 공연을 하는 것을 꿈이나 꾸었을까. 이곳까지 와서 죽을힘을 기울여 가며 어린아이들을 데리고 공연을 하고 있는 모습을 보니 측은한 생각이 든다. 용모가 비슷해서일까. 꼭 우리 형제들을 보는 것 같다. 공연 중 혹시 실수라도 해서 마상에서 떨어지면 어쩌나 하는 생각이 든다.

몽골문화촌을 떠나 남양주시 와부읍 석실로에 있는 자연사 박물관을 찾아간다. 그런데 운전기사가 길을 몰라 전화를 걸어가며 길을 찾으려고 몹시 애를 태운다. 오든 길을 되돌아가며 찾아 헤매다가 간신이 국도에서 지방도로로 접어들어 꼬불꼬불한 샛길로 들어서자 넓고 울창한 자연림에 둘러싸인 자연사 박물관이 아담한 모습으로 나타난다.

이 박물관은 3층으로 되어 있는데 광물과 진본 공룡, 종유석, 수석, 등등 수백 종을 진열해놓고 관람객들을 기다린다. 모든 것이 진귀하고 소중해 보이지만, 그중에서도 진본 공룡 5점이 특별나게도 눈길을 끌어당긴다.

도대체 죽음이란 무엇인지 몇천 년 전을 돌아보게 하는 공룡에서 풍기는 나이테는 가던 발길을 멈추게 하고 깊은 사색의 세계로 끌어들인다. 우리도 저 공룡과 같이 언젠가는 이 지구상에서 사라지고 말 터인데 그 사이를 참지 못하고 왜 이리도 복닥거리며 살아가는지….

해는 서산을 향해 움직인다. 바람 한 점 없는 허공 속에서 빨간 잠자리가 포물선을 그리며 비행을 한다. 우리 일행은 하루 일정을 마무리 짓고 귀갓길에 오른다. 한강물을 바라보니 무더위를 아는지 모르는지 말없이 흘러만 간다. 오늘도 100년 만에 찾아든 무더위 속에서 하루가 저물어 간다.

어느 가을날

인생의 황금기인 젊은 시절을 생존경쟁이 심한 방산시장에서 근 삼십 년을 보냈다. 그 시절 힘들고 어려웠을 때 서로 도와가며 장사를 하던 K한테서 전화가 왔다.

허원택 사장이 자기 집을 방문해 달라고 하는데 같이 동행을 하자고 한다. 이번 여행길에 십여 명이 조청을 받았다. 우리 일행 십여 명은 토요일 아침 일찍 서울에서 출발하여 저녁 늦게 허 사장 댁에 도착하였다. 그는 경북 영덕에서 기업형으로 광어양식장을 운영하고 있다. 이 양식장에는 붉은 벽돌로 된 살림집도 딸려 있다. 꼭 동화 속에 나오는 집처럼 아름답다.

집 앞에는 늘 바닷물이 넘실댄다. 창문만 열면 망망대해 푸른 바다가 펼쳐져 있다. 그는 바위에다 전복 양식장을 만들어 놓고 넓은 바다를 자기 채마전(菜麻田)으로 생각하면서 살아간다. 귀한 손님이 올 때마다 해녀가 직접 바닷속으로 들어가 따온 전복으로 손님을 대접하는 것을 삶의 낙으로 삼는다. 우리 일행은 오늘 저녁 해녀가 바닷속에서 방금 따온 전복으로 만든 전복죽으로 식사를 한다. 그 해녀는 오십 대 중반으로 보이는 여인인데 제주도가 고향이다. 그런데 이곳 영덕에 와서 출퇴근을 하며 허 사장댁 양식장에서 일을 한다.

허 사장은 바닷가에다 다섯 개의 큰 양식장을 마련해 놓고 광어와 도다리를 양식을 한다. 동해안 도롯가에 있는 생선 횟집들 대부분이 이곳에서 나온 광어로 횟집을 운영한다고 한다. 광어 먹이로는 작은 물고기들을 잡아서 저장해 놓았다가 사용한다. 그는 자기 양식장에 있는 광어로 집에서 술안주를 하는 것을 금기시한다. 특별한 경우를 제외하고는 삼가 한다. 기르다 보면 미물인 물고기라도 고운 정 미운 정 다 드는 모양이다.

그는 그 많은 광어를 집에 두고 우리 일행들을 영덕 시내로 데리고 가서 밤을 새워가며 술을 대접한다. 나는 저녁에 반주로 먹은 술이 과해 따라가지 않고 집에서 쉰다. 잠이 오지 않아 뜬눈으로 밤을 지새우다시피 하다가 늦게야 잠이 든다. 사람들이 두런두런하는 소리에 잠에서 깨어난다. 이른 새벽 일행과 함께 갓 잡아 온 생선을 보기 위하여 선창가로 간다.

파도가 밀려오는 바닷속에서는 쟁반만 한 붉은 해가 솟아오른다. 흰 깃발을 단 오징어잡이 배는 어둠을 뚫고 개선장군처럼 불을 깜박이며 들어온다. 잡아 온 오징어를 사러 온 차량과 장사꾼들로 발 디딜 틈도 없이 붐빈다. 이렇게 영덕 선창가는 어둠이 걷혀가며 새로운 하루가 열린다.

울진군에는 아름답기로 소문난 불영계곡이 있다. 일명 소금강이라고 부를 정도로 아름답다. 예전에는 이 계곡은 차가 다니지 않아 늘 걸어 다녔다고 한다. 우리 일행 중에 J란 친구가 있는데 학교 이름은 기억이 나지 않는다고 한다. 그의 아버지가 이곳 불영계곡 근처에 있는 모 초등학교 분교에 교장으로 재직을 했었다고 한다. 그는 방학이면 아버지를 찾아뵐 때마다 이 계곡을 걸어서 다녔다고 한다.

불영계곡은 신비한 전설과 아름다운 경관을 이루고 있는 곳이 많이 있다. 또한 이 계곡을 따라가면 기암괴석들이 끊임없이 이어지고 있다. 허 사장은 바위틈으로 흘러내리는 물줄기를 이용해서 이곳에다 송어 양식장을 만들었다. 그는 주로 이곳에서 송어와 송어 새끼들을 부양해서 전국으로 판매를 한다. 송어 양식장은 규모가 대단히 크다. 항상 바위틈에서 나오는 맑은 물이 넘쳐흐른다.

양식장 옆에는 허 사장이 머물고 있는 붉은 벽돌로 지은 주택이 있다. 그 집 이외에도 초가지붕으로 된 오막살이집 두 채가 있다. 한 집에서는 두 부부가 마당에다 콩 다발을 널어놓고 도리깨로 콩을 턴다. 또 다른 집에서는 산기슭 밭에서 부인은 소처럼 쟁기를 끌고 남자는 쟁기를 잡고 밭을 간다. 옛날 조상들이 살아온 생활방식 그대로 답습하면서 이 산골에서 살고 있는 두 부부의 모습이 이채롭다.

어느 날 허 사장 부인이 외출을 하고 불영계곡을 들어서자 갑자기 폭우가 쏟아졌다. 불행하게도 수마(水魔)가 불영계곡을 덮쳐 그 부인은 손쓸 사이도 없이 비명횡사를 했다. 허 사장은 천신만고 끝에 수산학 박사로 있는 동생의 도움을 받아 가며 사업을 성공 시켰지만, 돈보다 더 귀한 부인을 잃었으니 하늘 아래 이보다 더 슬프고 원통한 일이 있겠는지….

우리 인간은 한 치 앞도 모르고 산다. 이 세상에 왔다 언젠가는 '공수래공수거'라고 빈손으로 왔다가 빈손으로 간다. 나의 노년의 삶은 단풍이 지는 가을 어느 날같이 육체는 점차로 쇠잔해지더라도 정신력만은 풍요롭고 윤택하게 가꾸면서 보내고 싶다.

어긋난 엇박자

요즘은 변화무쌍한 일들이 상상외로 많이 발생한다. 신문 지상을 보면 황혼 이혼 기사가 많이 나온다. 남편은 퇴직은 했지만 경제적으로는 여유가 있는데 삼십 년 넘게 살아오면서 쌓여온 성격 차이를 극복할 수 없어 부인은 결혼 생활을 청산하기로 결심하고 변호사를 찾아가 이혼 수속을 밟는다.

이혼을 하고 혼자 사는 사람이 있는가 하면, 아예 결혼도 안 하고 독신으로 살아가는 사람도 있다. 이혼이란 성격 차이, 경제적으로 어려운 일 등등 결혼 생활을 지속할 수 없을 때 발생하기 쉽다. 남남이 모여 결혼생활을 하면서 어찌 달콤하고 좋은 일만 있겠는가,

'호불호(好不好)'라고 좋은 일이 있으면 반듯이 좋지 않은 일도 생기는 것이 인간사다. 의견이 맞지 않아 싸우기도 하고 그것이 누적되다 보면 별거를 하다가 이혼을 하게 되지만 현명한 사람은 어려움을 잘 극복하며 지혜롭게 가정을 끌고 간다.

내 지인 중에 육십이 되어가는 사람이 있는데 그는 30대에 결혼을 하였다. 무슨 이유인지는 몰라도 결혼 생활을 한 지 일 년도 안 되어 이혼을 한 후 지금까지 독신으로 살고 있다. 그 후 식당도 경영해 보고 이것저것 사업에도 손을 대 보았지만 모두 다 실패하고 결국은 집 하나 남은 것을 처분한다.

지금은 남의 집에서 방 한 칸을 얻어 세를 살고 있다. 그 긴 세월을 사는 동안 양친 부모도 다 돌아가시고 4형제 중에서 막냇동생마저 자살을 한다. 남은 동생들마저 힘들게 살다 보니 도움을 청할 데가 한 군데도 없다. 결국 그는 자신도 모르는 사이에 알코올에 중독되어 폐인이 되어버린다.

그런 생활이 지속되다 보니 생활도 궁핍해지고 성격마저 난폭해진다. 그를 보면 사람들이 외면하고 아예 상종을 하지 않으려고 한다. 이런 것을 보면 결혼도 신중을 기해 결정을 해야 되지만 이혼은 특히 더 신중을 기해야 되리라고 본다. 그는 이혼으로 인하여 재산도 다 탕진하고 인생을 어긋난 엇박자로 모든 사람들한테서 눈총을 받아 가며 살아가고 있다.

내 지인 중에 잘 아는 사람이 있다. 그는 일정한 직업도 없고 농토 하나 없이 닥치는 대로 일을 하다가 노환으로 세상을 떠난다. 그분의 아들이 홀어머니를 모시고 어려운 가운데서도 열심히 일을 해서 집을 장만한다. 그런데 무슨 사연이 있었는지 자식을 낳고 잘 살다가 갑자기 이혼을 했다. 그 후 그는 하는 일마다 일이 꼬이고 풀리지 않아 결국 집마저 정리하고 지금은 남의 집에서 셋방살이를 하며 살고 있다. 그는 술을 먹지만 사람들 앞에서 술 먹은 티를 내지 않는다. 붙임성이 있고 인간성도 매우 좋다. 다 이유가 있고 사연이 있겠지만 그런 사람이 왜 가정을 깨

뜨려 가면서 이혼을 하였는지 이해가 안 간다. 그는 슬하에 고등학생과 중학생인 자식이 있는데 부모를 잘못 만나 외롭고 힘들게 살아가는 모습을 보면 가슴이 아프다.

나하고 사돈 되는 여인이 있다. 그녀는 우리 마을에 살고 있는지 30년이 되어간다. 그는 육십 대에 남편을 잃었지만 연약한 몸으로 남매를 데리고 농장을 운영하면서 살아간다. 딸은 일찍이 우리 송 씨 댁으로 출가를 시켜 나를 보면 사돈이라고 하면서 반색을 한다. 아들은 결혼을 한 후 예산에다 농장을 마련하여 분가를 시켰는데 불행하게도 사십도 안 되어 꽃을 재배하다 슬하의 자식 하나 남기지 못한 체 요절한다.

그 후 농장을 며느리가 상속을 받는다. 내 사돈 되는 여인은 자식을 잃은 데다 재산마저 잃고 며느리하고는 남이 되어 소식마저 끊어진 채 산다. 지금 그 여인은 목숨을 부지하면서 살아가지만, 전에는 '무화과 농장'으로 쏠쏠한 재미를 본 적도 있다. 지금은 모든 것을 체념하고 복지관에서 하루하루 힘겹게 시간을 보낸다. 복지관에서는 요가도 배우고 음악을 배우면서 모든 것을 잊으려고 하지만 그것이 어찌 마음대로 되는 일인가. 더 나이를 먹어 몸이 아프고 경제력마저 잃게 되면 노후를 누가 돌보아 줄는지…. 출가한 딸이 하나 있기는 한데, 딸도 살기가 어려워 오히려 자기가 도와주어야 할 형편이라고 한다.

이것은 욕심이 과하여 무리하게 증권에 투자했다가 실패하여 신용불량자가 된 사례이다. 그는 자기 사업을 하면서 평탄하게 가정을 이끌고 살았는데 증권에 잘못 손을 데어 결국 합의 이혼을 하고 일정한 주거도 없이 떠돌아다니면서 살아간다. 지나친 과욕이 그를 어긋난 인생행로를 걷게 한 것 같다. 그런가 하면 칠십이 다 된 부부가 욕심을 버리고 새벽이면 다 낡은 트럭 한 대를 가지고 옆에 부인을 태우고 폐지를 주우러

다닌다.

그들 부부는 어려운 여건 속에서도 행복을 마치 폐지에서 주우려는 듯이 아주 편안하고 차분한 모습으로 일을 한다. 남들이 기피하고 싫어하는 일이지만 그것이 천직인 양 열심히 일을 하면서 살아가는 모습을 보면 숙연해진다. 이렇게 열심히 살아가는 사람이 있는가 하면 지나친 과욕으로 추악하고 나약한 인간으로 살아가는 사람도 있다. 빅토르 위고(Victor Hugo)는 "인생에서 최고의 행복은 열심히 일을 하는 데서 이루어진다"고 했다. 그런데 우리가 한평생을 살아가는 동안 누구나 다 행복을 추구하면서 살아가고 싶지만 소망한다고 해서 다 이루어지지 않는 게 인간사가 아닌가 한다.

비록 파지를 주워가면서 살더라도 그것을 천직으로 생각하고 살아간다면 그 삶이 행복이고 즐거움이 아닌가 한다. 지나친 과욕은 우리의 삶을 윤택하게 하기는커녕 오히려 어긋난 엇박자로 인생살이를 더욱 힘들게 하는 것은 아닌지….

양파 하나

추운 겨울이 지나가고 청명이 다가온다. 이날은 일 년 중 가장 맑은 날이다. 24절기의 하나로 춘분과 곡우 사이에 있다. 청명에는 부지깽이 같이 생명이 다한 나무도 꽂아 놓으면 잘 자란다고 한다.

며칠 전에 우리 집 뜰 안에 있는 감나무에 닭똥을 듬뿍 주고 비료를 주었더니, 감나무 줄기에서는 생명의 싹이 꿈틀거리고 그 곁을 지나다닐 때마다 봄이 오는 소리가 들려오는 듯하다. 덩달아 새들도 신이 나서 지저귄다.

집사람은 봄이 가고 가을이 돌아오면 일 년 동안 먹을 쌀과 잡곡을 베란다에다 보관해 놓는다. 또한 겨우내 먹을 마늘과 양파를 사들인다. 특히 마늘은 통풍이 잘되는 벽에 걸어놓고, 양파는 박스에다 담아 햇빛이 안 들고 통풍이 잘되는 곳에다 보관한다. 그런데 봄기운이 감돌고 있는 요즈음 저장된 양파 하나가 갑자기 새싹을 돋우려고 한다.

양파는 서아시아와 지중해 연안이 원산지다. 재배 역사는 매우 오래되어 알 수 없으나 기원전 3천 년경의 고대 이집트 분묘의 벽화에 남아 있다는 것 외에는 확실한 근거가 없는 모양이다. 단지 피라미드를 쌓는 노동자들에게 마늘과 양파를 먹였다는 기록이 있고, 그리스에서는 기원전 7~8세기경부터 재배하였다는 기록이 있을 뿐이다.

예로부터 중국인들은 기름진 음식을 많이 먹는데도 고혈압이나 동맥경화 등 성인병에 잘 걸리지 않는다. 그 비결은 양파에 있다고 한다. 그런데 과유불급이라고 "지나치면 부족한 만 못하다"는 속담이 있는 것처럼 양파도 너무 많이 먹거나 체질에 맞지 않으면 몸에 해로운 반응이 나타난다. 양파는 식품 외에도 약재로 많이 사용된다. 펙틴이라는 물질이 들어 있는데 이 펙틴은 콜레스테롤을 분해한다. 또한 해로운 물질을 없애 버리고 혈액을 맑게 해 준다.

양파는 많은 나라에서 애용되고 있다. 우리나라에서도 즐겨 먹는 식품 중에 하나이다. 생으로도 먹을 수 있지만 튀기거나 볶아 먹기도 하면서 매운맛을 줄이고 달콤한 맛을 낸다. 뛰어난 약효가 있는가 하면 날로 먹으면 몸에 좋으며 최고의 정력제라고 한다. 집사람도 양파를 가지고 잡채를 비롯하여 여러 가지 반찬을 만든다.

양파는 우리 생활에 없어서는 안 될 유익한 식품 중의 하나다. 그런데 나는 팔십 평생을 살아오면서 사회에서 필요한 사람이 되었는지, 그리고 사회를 위해서 무엇을 하였는지, 기나긴 세월을 헛되게 살아온 자괴감이 마음을 아프게 한다. 지금부터라도 남은 인생, 사회와 이웃을 위해 봉사하면서 살고 싶은데 몸이 따라 주지 않는다.

청명은 찾아왔지만, 찬바람은 계속 살 속을 파고든다. 그런 가운데서도 봄바람이 불어오는 소리가 피부로 느껴진다. 광 속은 겨울이나 지금이나 변함없이 춥고 차갑다. 그런데 그 속에 갇혀 있던 양파 속에서 신기하게도 새싹이 튼다. 이놈을 용기에 담아 책상 위에 놓았더니 며칠이 지나자 몸통에서 새싹이 돋아 나온다.

하도 기특한 생각이 들어 물만 담겨 있는 용기에서 뿌리를 내리기가 어려울 것 같고 생육하는 데 지장이 있을 것 같아 작은 화분에다 옮겨 심었다. 그런데 날씨가 차가워 놓을 자리가 마땅치 않아 현관 안에다 놓았다. 현관 안은 바람막이가 되고 습기가 있어서 자라는데 별지장이 없을 것 같다. 그런데 햇볕이 들지 않아 낮이면 햇빛이 잘 드는 곳을 골라가며 키웠더니, 수일이 지나자 줄기에서 가지를 치고 잎을 뻗어가며 잘 자라고 있다. 양파에서 새로운 생명이 태어나 제 삶을 살고 있는 모습이 가상하다. 이 세상에서 생명만치 귀중한 것은 없는 것 같다.

3부
소이부답(笑而不答)

소이부답(笑而不答)

대천 바닷가 푸른 바다에 하얀 물결이 일렁인다. 바다 위에 크고 작은 배들이 파도를 타고 어디로 가는지 분주히 움직인다. 배 위를 선회하는 갈매기들도 오늘따라 유난스럽게 무리를 지어 날아다닌다. 12월로 접어들자 몸속으로 찬바람이 마구 파고든다.

마지막 가는 해를 아쉬워하는 걸까. 날씨가 몹시 차갑다. 날씨가 차가워지면 제일 먼저 소설(小雪)이 떠오른다. 소설 하면 하얀 눈이 내리는 모습이 눈앞에서 아롱거린다. 얼마 전 소설 날 친구들과 모처럼만에 강원도 여행을 했다. 여행을 하던 중, 우연하게도 대관령을 지나간다. 그런데 하늘이 푸르고 청명한 가운데 갑자기 생각지도 않은 눈발이 내리기 시작한다. 눈 내리는 모습을 바라보고 있던 일행 중 한 사람이 소설을 정할 때 강원도 대관령을 기준으로 해서 정한 것은 아닌지 하고 웃자, 모두 다 웃으면서 고개를 끄떡인다.

관광선에 오르자 바닷물은 계속 철썩거리고 하늘은 잿빛같이 어두워진다. 혹시 눈이라도 내리려나. 세찬 바람이 파도를 타고 불어온다. 그러나 배 안은 여름날 못지않게 후덥지근하고 무더운 열기가 감돈다. 선내에서 많은 사람들이 윗옷을 벗어 던지고 음악에 맞추어 춤을 춘다. 유람선에 전속된 한 오십이 되어 보이는 아름다운 여인이 다 떨어진 울긋불긋한 옷을 입고 얼굴에는 짙은 화장을 한 채 각설이타령을 신명 나게 부른다.

우리 인생도 저 여인처럼 음악에 맞춰 신들린 사람같이 살아간다면 얼마나 낭만적이고 멋이 있을까. 더운 열기를 식힐 겸 배 난간으로 나와 주위 풍경을 카메라에 담아 본다. 파도를 따라 불어오는 찬 바람이 몸속으로 파고든다. 갈매기 떼들이 강풍 속에서 무리를 지어 날아온다.

배 난간 앞쪽에서는 한 가냘픈 소녀가 난간에 기대어 새우깡을 바다 위를 날고 있는 갈매기를 향하여 연신 던져준다. 강풍이 몰아치자 머리에 두른 머플러가 심하게 나부낀다. 갈매기들도 어느새 인스턴트식품에 맛을 들였는지 배를 따라오면서 그녀가 던진 과자를 받아먹는다.

산자락 밑에 자리 잡은 화력발전소 굴뚝에서 하얀 연기가 치솟는다. 발전소 앞바다에는 크고 작은 배들이 분주히 움직인다. 어디서 왔는지 큰 빌딩만 한 배에서는 석탄이 계속 쏟아져 내린다. 우리가 사용하고 있는 전기가 많은 사람들이 흘린 피와 땀으로 이루어진다고 생각하니 전기를 아껴 쓰고 절전을 하는 것도 사회에 보답하는 길이고 애국하는 길이라는 생각이 든다.

유람선을 타고 바다를 달리다 보니 선상에서 멀리 떨어진 곳에 작은 섬이 가물 가물거린다. 그 숲속에 20여 채의 집이 옹기종기 모여 있다. 주민들 대부분이 양식장을 가지고 풍족한 삶을 누린다고 한다. 나도 세속에서 벗어나 이런 섬에서 여생을 보내고 싶다. 누가 좋은 의료시설이 있고 문화 혜택을 누리는 도시를 버리고, 왜 열악하고 외로운 섬에서 살기를 원하느냐고 묻는다면 나는 대답하지 않고 그저 웃을 거다.

중국 당나라 시인 이태백의 「산중답인(山中答人)」이라는 시(詩)에 이런 구절이 나온다. 문여하사서벽산(問余何事栖碧山) 나더러 왜 깊은 산속에 사느냐 묻기에 소이부답심자한(笑而不答心自閑) 빙그레 웃고 대답 않으니 마음 절로 한가롭다. 이 시(詩)의 구절은 자연과의 교감을 생각게 한다. 누군가 이태백에게 왜 이런 깊은 산속에서 사느냐고 물었는데, 그는 굳이 속세를 벗어나 자연과 동화되어 사는 즐거움을 말로는 설명할 수 없었는지 대답 없이 웃기만 했다. 그는 남들이 모르는 즐거움을 홀로 누리면서 살지 않았나 싶다.

해가 서쪽으로 기운다. 나는 일행과 함께 이 대천 앞 바다에서 유람선을 타고 모처럼 만에 소이부답(笑而不答)이라는 시구(詩句)에 함빡 빠져든다. 왜 명산 유곡도 많은데 하필이면 대천 앞바다로 여행을 왔느냐고 누군가 묻는다면, 나는 그저 웃기만 하고 대답하지 않으리.

성주간의 금요일

오늘은 금요일이다. 일정이 잡혀있지 않아 모처럼만에 집에서 쉰다. 집사람도 별일이 없는 모양이다. 오래간만에 둘 만에 오붓한 시간을 갖는다. 그런데 나하고는 이종사촌이고 집사람하고는 여고 동창생인 J가 우리 부부를 초청한 일이 갑자기 떠오른다.

J는 어느 날 생각지도 않은 불청객인 병마가 찾아들었다. 병을 치료하는 데 도움이 될까 해서 공기 좋고 물 맑은 '양주 장흥에 있는 아파트단지'로 이사를 하였는데 그곳에서 십여 년을 살지만, 병은 호전되지 않고 병색은 날이 갈수록 짙어져만 간다. 아들이 시화단지에서 회사를 운영하고 있어 몇 달 전에 아파트를 처분하고 시흥시에 있는 '푸르지오아파트'로 이사를 했다.

한 번 방문해 달라는 전화가 왔다. 그 후 여러 차례 전화가 왔지만 찾아볼 기회가 오지 않는다. 내가 시간이 있으면 집사람이 시간이 없고 집사람이 시간이 있으면 내가 시간이 나지를 않는다. 이런 일이 계속 반복되어 방문길이 자연적으로 이루어지지 못했다. 그런데 금요일인 오늘 모처럼 좋은 기회가 찾아와 우리 부부는 서둘러 점심을 먹고 4호선 전철을 타러 갔다.

집에서 경마장역까지는 젊은 사람이면 5분이면 충분히 걸을 수 있지만, 내 느린 걸음으로는 10여 분이 걸린다. 교통비도 절약할 겸 건강을 다진다는 생각으로 집 앞에서 출발하는 버스를 이용해도 되는데 늘 걸어서 다닌다.

나는 집을 나서기 전에 안산을 지나 정왕역에서 내리라고 하는 전화상으로 알려준 주소를 쪽지에다 메모를 했다. 전철 안은 오후가 되어서인지 몹시 한가롭고 빈자리가 많이 눈에 띈다. 차를 타고 가는 동안 혹시 지나치지 않을까 하는 노파심으로 차창 밖을 자주 바라본다.

피부도 언어도 다른 많은 젊은이들이 전철을 타고 오더니 안산역에서 썰물같이 쏟아져 내린다. 아마 시화공단에서 일용직으로 일을 하는 청년들인 것 같다. 그들을 보니 모든 길은 로마로 통한다고 우리나라의 국력이 얼마나 신장되었는지를 가늠할 수 있을 것 같다. 많은 사람들이 전철을 타고 내리는 동안 전철은 아무 일이 없었다는 듯 굴러만 간다.

드디어 정왕역에 도착했다. 메모를 다시 확인해 보니 정왕역에서 하차하여 푸르지오아파트까지 왕래하는 7번 버스를 타고 오라고 한다. 그런데 버스를 타나 택시를 타나 운임은 비슷할 것 같아 굳이 버스를 타지 않고 택시를 탄다.

처음 찾아가는 아파트단지이지만 택시 기사가 친절하게 목적지까지 데려다준다. 역에서 좀 떨어진 넓은 벌판에 고층 아파트가 둥그러니 들어서 있다. 도심지와는 달리 주위에는 농작물이 푸른 물결을 이루고 있는 가운데 군데군데 비닐하우스가 들어서 있다. 그 넓은 들판에 아파트단지만 달랑 높이 솟아 있어 왠지 모르게 공허한 감이 감돈다.

J가 사는 아파트는 35평으로 신축 아파트다. 기존 아파트보다 훨씬 넓어 보인다. 이 아파트에서 50살이 넘은 아들하고 두 부부만 덜렁 살고 있다. 아들은 시화 공업단지에 있는 모 회사를 친구와 함께 운영한다. 그런데 50살이 훨씬 지났는데도 아직까지 결혼을 하지 않았다. 오늘은 출타 중이고 이종사촌 두 부부만 집을 지키고 있다. 남편도 4급 장애인 판정을 받았다. 다리를 쓰지도 못하고 걷지도 못하고 늘 방 안에서 지낸다. 설상가상으로 J마저 외출을 하지 못하고 집안에서만 지낸다. 그들을 바라보면 숨이 막힌다.

시흥시에서 도우미를 보내준다고 하지만, 집안은 병자들만 있어서인지 왠지 모르게 쓸쓸하고 차가운 냉기만 흐른다. 그 몸으로 삶을 지탱하고 있는 모습을 바라보니 내가 힘이 쭉 빠진다. J의 남편은 80살이 훨씬 넘었다. J는 금년이 지나면 80살이 된다. 남편하고는 다섯 살 차이가 나지만 두 부부가 다 호호백발이다. 흐르는 세월 때문인가 젊었을 때 그렇게도 당당했던 잉꼬부부들을 누가 이렇게 만들었는지….

인생이란 언젠가는 흙에서 왔다가 흙으로 돌아간다. 빈손으로 왔다가 빈손으로 가는 것이 인생이다. 이것이 인간이 지닌 숙명적인 길이다. 그러나 우리 인간은 천년만년 살듯이 입은 열고, 지갑은 닫고 살려고 무던히 발버둥 친다. 나는 전철을 타고 오면서 J 부부나 우리 부부나 남을 위하여 얼마나 많이 지갑을 열고 베풀면서 살아왔는지 회상해 본다. 지갑 한 번 제대로 열어 보지 못하고 아등바등 살아오지 않았나 하는 생각이 든다.

그렇게 살아온 그들이 백세시대에 좀 건강하게 살다 가야지 말년을 이렇게 병마에 시달리면서 보내는 모습을 보니 오히려 내가 더 화가 난다. 지갑을 닫고 살았으면 더 잘 살아야 되는데 왜 이렇게 노후를 고달프게 보내는지….

이렇게 우리 부부는 금요일인 오늘도 그들을 만나고 왔다. 이것도 다 하느님의 뜻일까. 신의 뜻일까. 성주간의 Friday를 우리 부부는 이렇게 보냈다.

붉은 동백꽃

여행은 늘 마음을 들뜨게 한다. 아내와 가까운 친지들과 하는 여행은 더욱 그러하다. 이번에 집사람과 이웃들이 백제의 승려 검단선사가 창건한 선운사를 찾아 여행길에 오른다.

고창에 있는 선운사는 도솔산 밑에 자리를 잡고 있다. 도솔천 계곡에는 맑은 물이 사시사철 흐른다. 동백꽃으로 유명한 오동도 못지않게 선운사 하면 붉은 동백꽃, 붉은 동백꽃 하면 선운사가 떠오른다. 봄이 돌아오면 동백꽃을 찾아 여행객들이 구름같이 모여든다. 그리고 이곳 고창에 자랑거리인 풍천장어구이와 복분자술을 맛보기 위하여 식도락가들이 모여든다. 동백꽃은 남도 고창의 자랑거리이며 선운사의 자존심이기도 하다.

나는 그동안 몸이 좋지 않아 병원 출입이 잦아 아내와 함께 여행길에 오른 지가 오래되었다. 몸이 좀 불편하지만 고통을 감수하면서 여행길에 오른다. 비록 당일 코스이지만 이번 여행은 우리 마을 영농조합장인

S가 세심한 주의를 기울이면서 주선을 한 것이다. S는 같은 송 씨이고 초등학교 동창생이다

이 세상에는 '샤일록' 같은 수전노도 있지만, 의외로 남을 배려하고 베풀면서 살고 있는 S같이 통이 크고 가슴이 훈훈한 사람도 있다. 흔히 현대인들 중에는 상대적인 박탈감으로 스스로 불행하다고 생각하는 사람이 있는가 하면 쓸데없는 경쟁심에 얽매어 불행을 자초하는 사람도 있다.

행복과 불행의 개념은 동전의 양면과 같다. 매사를 부정적인 시각으로 바라보고 사는 것보다는 긍정적으로 살아가는 것이 자기 신상에도 좋고 상대방에게도 좋은 이미지(Image)를 심어준다.

매년 여름철이 돌아오면 초등학교 동창생 서너 명이 청계산 등산을 하고 청계산 폭포수를 찾아가 더위를 식힌다. 폭포수에서 떨어지는 물소리를 들으면서 소주잔을 기울이면 그동안 쌓인 피로가 눈 녹듯 사라지고 정분도 두터워진다. 그런데 동백꽃이 붉게 피어있는 선운사 계곡에서 지저귀는 새소리와 흐르는 물소리를 들으면 청계산 폭포수에서 떨어져 계곡을 타고 흐르는 물소리가 옥구슬 굴러가듯 환청으로 들려온다.

선운사로 가다가 풍경이 아름답고 뛰어난 곳이 있으면 일행들을 모델로 세워놓고 사진을 찍는다. 그런데 셔터가 터질 때마다 집사람은 주위 풍경에 매료되어서인지 붉은 동백꽃처럼 활짝 웃는다. 전에 보지 못한 천진난만한 어린이 같은 얼굴이다. 나는 선운사 여행을 하면서 찍은 사진들을 모아 동영상을 만들려고 한다. 여행을 하면서 찍은 사진으로 동영상을 만들어 놓고 시간이 날 때마다 인터넷에 들어가 들여다보면 지난날의 추억들이 새록새록 떠오른다.

여행은 언제나 꿈과 낭만을 안겨준다. 붉은 동백꽃이 지천으로 널려 있는 선운사로 올라가는 길을 걷다 보니 나 자신을 자연 속에 맡기고 법정 스님이 말한 무소유로 돌아가 여생을 보내고 싶은 생각이 든다.

선운사로 가는 주차장 주위에는 붉은 동백꽃들로 온통 물들어 있다. 주차장에서 나와 선운사 계곡을 따라 걷다가 일주문을 지나 선운사 뜰 안으로 들어선다. 대웅보전이 배롱나무를 양 겨드랑이에 끼고 있는 모습은 천년 사찰답게 고색 찬연하다. 사찰에서 풍기는 동백꽃의 향기와 염불 소리는 메마른 내 영혼을 맑게 해 주고 심신을 포근히 감싸준다.

사찰 주위를 온통 붉은 동백꽃과 푸른 나무들이 둘러싸고 있다. 그 경관은 마치 고급 천으로 병풍을 세워놓은 것 같다. 어느 사찰이든 사찰이 있는 곳에는 산수가 수려하고 주위 풍경이 아름답다.

오늘 바라본 선운사의 붉은 동백꽃은 메마른 내 영혼을 맑게 해준다. 붉은 동백꽃이 줄줄이 피어있는 선운사로 가는 길을 걸으니 동화 속에 나오는 새로운 세상이 펼쳐진 듯하다.

보화탕(保和湯) 한 그릇

세상이 급속도로 변화한다. 21세기인 요즘은 새로운 업종이 태어났다가 눈 깜짝할 사이에 사라져 버리고 생각지도 않는 새로운 업종이 생겨난다. 아마 앞으로 다가오는 세상은 사람들의 수명도 길어지고 삶의 질도 높아지겠지만, 치열한 경쟁을 하면서 국경 없이 살아가는 새로운 세계가 펼쳐질 것이다.

P는 고등학교 동창이다. 우리들이 학교에 다니던 때는 전쟁이 끝난지 얼마 안 됐다. 사회가 몹시 혼란스럽고 어수선한 시절이었다. 일을 하고 싶어도 일자리가 없어 늘 길거리를 헤매고 다녔다. 다행히 그 친구는 졸업을 한 후 중앙시장에서 쌀 도매상을 하고 있는 매형 밑에서 박봉으로 일을 하게 되었다. 그러함에도 친구들이 찾아오면 조금도 싫어하는 기색이 없이 늘 허름한 대폿집으로 데리고 가서 싼 빈대떡으로 술을 대접했다.

이런 착한 친구가 슬하에 딸만 칠 공주를 두고 아들이 없다. 그런데 설상가상이라고 할까 출가한 큰딸이 이혼을 하여 손녀를 데리고 집으로 돌아왔다. 가정형편이 복잡하게 꼬이기 시작하자 그의 부모님하고도 자주 마찰이 생겨 술에 의지해서 살아가는 일이 많아졌다.

그는 한동안 평화시장에서 재봉틀을 돌리면서 그 수입으로 가정을 끌고 나갔다.

그 당시에는 산업이 급속도로 발전되어 일거리가 넘쳐 흘렀는데 갑자기 섬유산업이 사양길로 접어들면서 일거리가 줄어들기 시작하였다. 나도 그 당시 방산시장에서 장사를 하고 있어 P와 자주 만나 술잔을 기울이곤 하였다. 달이 차면 기운다고 섬유산업도 사양길에 접어들어 결국 그 친구는 나보다 먼저 시장을 떠났다.

시장은 생물과 같아 늘 움직인다. 돈이 보이지는 않지만, 이 골목 저 골목으로 돈다발이 눈덩이 같이 굴러다니며 변화무쌍한 곳이 시장의 생리이다. 시장에서 살아남으려면 업종을 잘 선택하여야 된다. 그렇지 않으면 살아남지를 못한다.

P와 나는 급속도로 변화하는 시장 흐름에 적응하지 못하고 한동안 머물렀던 시장바닥을 떠났다. 그 후 그는 뚝섬에서 한동안 만화책 대여점과 책 대여점을 하면서 지냈다. 그 사업도 잠깐 반짝이다가 사양길로 접어 들였다.

그는 마지막 인생길을 등산을 하면서 보냈다. 나하고도 젊었을 때에는 도봉산 · 관악산 · 청계산 등 서울 인근에 있는 산들을 부지런히 찾아다녔다. 나이를 먹고 기력이 쇠잔해지자 그는 주로 집 근처에 있는 '아차산'을 오르내리면서 소일을 하였다. 등산이 끝나면 늘 술친구들과 어울려 다니며 시간을 보냈다.

P와 헤어진 후 오래간만에 술을 대작하게 되었다. 그는 술자리에서

뜬금없이 자기는 지금까지 한 번도 건강검진을 받은 적이 없다고 했다. 왜 건강검진을 받지 않느냐고 물었더니, 그가 하는 말이 "검진을 받고 난 후 큰 병이 있다고 진단이 떨어지면 그것을 받아들이기가 두려워서 받지 않는다고" 했다. 그 후 얼마 있지 않아 그가 폐암으로 죽었다는 소식이 인편으로 들려왔다. 이 소식을 듣고 자주 건강검진을 받아 사전에 병을 예방하였더라면 이렇게 허무하게 죽지는 않았을 텐데 하는 아쉬운 생각이 옥죄여왔다.

그의 임종 소식을 듣고 구선자(九仙子)가 처방한 '보화탕' 생각이 떠올랐다. 이 '보화탕'은 약을 처방해서 약으로 고치는 것이 아니고 마음을 어떻게 갔느냐의 따라 병을 고칠 수도 있고 고치지 못할 수도 있다고 한다.

일평생을 살아가는 동안 늘 평탄한 길만 있는 것은 아니다. 때에 따라서는 생각지도 않은 병마와 어려운 일에 부닥칠 때도 있다. 마음을 어떻게 갔느냐에 따라 절망도 할 수 있고 희망도 가질 수 있다.

P도 모든 시름과 육신을 짓누르고 있는 무거운 짐을 벗어버리고 구선자(九仙子)가 처방한 보화탕 한 그릇을 마셨더라면 그렇게 쉽게 저세상으로 떠나가지는 않았을 텐데…. 하는 아쉬운 생각이 나를 짓누른다.

백지장 한 장 차이

금년 여름은 예년과는 달리 39도를 오르내리며 무더위가 연일 기승을 부린다. 그러나 온 산하는 초록 물결로 출렁거리고 파란 하늘에는 새털 같은 구름이 흘러간다. 여름은 환희의 계절이요 낭만의 계절이다. 그런데 이 불볕더위는 에어컨이 없는 노숙자와 생활 극빈자인 독거노인들의 숨통을 한없이 짓누른다.

예기치 않은 '미투와 드루킹' 사건이 찾아들어 온 나라를 쑥대밭으로 만들어 놓았다. 생소하고 처음 들어보는 이 낯선 이색적인 언어들로 일부 도백들이 살인적인 더위보다도 더 잔인한 곤욕을 치르지 않았는지…. 도정을 책임지고 있는 이분들은 매스컴을 통해 온 국민 앞에서 진실과 허위를 놓고 진실게임을 벌이고 있다. 진실을 숨기고 허위를 진실인 양 포장하고 국민에게 호소하는 것은 자기 자신의 영혼을 속이고 자신을 배반하는 행위이다. 또한 자기를 지지하고 있는 유권자들을 우롱하는 처사라는 것을 알고나 있을까.

이런 와중에 어머니 기제사를 차리던 아내는 예기치 않은 병마에 시달리다가 복통까지 찾아온다. 아내는 장만한 제물(祭物)을 그대로 방치해 놓은 채 여러 병원을 찾아다닌다. 차도는 보이지 않고 음식만 먹으면 토한다. 마지막으로 세브란스병원을 찾아가 치료를 받았다. 병세는 악화일로(惡化一路)를 걷고, 호전되는 기미는 전혀 보이지 않는다.

인명은 재천이라고 모든 것을 하늘에 맡기고 꺼져가는 촛불 같은 생명을 보듬어 안고 마지막으로 정밀 검사를 받았다. 담낭이 몹시 망가졌다고 한다. 곧 수술을 받지 않으면 생명을 보존할 길이 없다고 한다. 병원 측에서는 한시가 급하다고 서둘러 수술 시간을 잡으려고 한다. 허나 일정이 이미 잡혀 있어 밤 10시밖에는 시간이 나지를 않는다고 한다.

수술 시간을 기다리는 마음이 얼마나 지루하고 피를 말리는지…. 혹시 병세가 악화되어 수술 시간 안에 이 세상을 뜨면 어쩌나 하는 두려운 생각이 애간장을 녹인다. 막상 10시가 다가오자 자라 보고 놀란 가슴 솥뚜껑 보고 놀란다고 혹시 마취에서 깨어나지 못하면 어쩌나 하는 쓸데없는 망상들이 꼬리를 이어가며 피를 말린다.

아내도 노파심에서 아들에게 유언을 남겨 놓고 수술실로 들어갔다고 한다. 나는 아내가 수술을 받고 있는 동안 천당과 지옥을 오락가락하면서 혹시 이대로 아내를 저세상으로 보내는 것은 아닐까 하는 또 다른 두려움이 나를 옥죄여 온다. 만감이 교체되는 가운데 아내와 미팅을 할 때 처음 만났던 남산 야외 음악당이 왜 갑자기 떠오르는지. 그때에는 꿈도 많았고 미래에 대한 이상(理想)도 높았는데. 아이러니하게도 아내는 지금 운명을 가늠하는 수술대에 누워 있다. 알다가도 모르는 일이 인생사가 아닌가 한다.

12시가 되어도 아무 소식이 없이 시간만 흘러간다. 시간은 흐르고 시침 소리만 울리는 방안에는 공허감만 감돈다. 드디어 둔탁한 적막을 깨트리고 스마트폰에서 고막을 울리는 소리가 들려온다. 수술이 원만하게 끝났고 지금은 회복실에서 회복 중이라고 하는 청량수와 같은 아들의 흥분된 음성의 전화다.

나는 아내가 입원하고 있는 동안 근 일주일간 병실을 드나드는 과정에서 기자들이 장례식장 앞에서 사진기를 들고 뛰어다니는 모습을 보았다. 처음에는 무슨 일이 벌어졌나 하고 의아해했는데 알고 보니 금품 수수에 연루된 고 노회찬 의원을 취재하려고 모인 기자들이라는 것을 알게 되었다. 이 땅에 맑고 깨끗한 정치 풍토가 뿌리내리기가 그리도 힘이 들고 어려운가. 얼마나 많은 시간이 흘러가고 많은 사람이 피를 흘려야만 이 땅에 진정한 민주주의 꽃이 필까.

창문을 열면 시원한 바람이 불어온다. 닫혔던 마음의 문을 열면 육체와 영혼이 맑아진다. 마음의 문을 열고 대자연의 오묘함을 바라보며 즐거운 마음으로 살아갈 수만 있다면 얼마나 좋을까, 그렇게도 정정했던 노 의원은 가고 사경을 헤매던 아내는 살아서 돌아왔다. 진정 생과 사는 백지장 한 장 차이란 말인가.

바위뫼테

광창마을 사람들은 청계산 산줄기 밑에 집을 짓고 곱돌머리를 좌청룡으로 바위뫼테를 우백호로 우면산을 안산으로 하고 살아간다. 마치 마을이 삼태기 안과 같이 포근하다. 마을 앞에는 앞 논이라고 부르는 문전옥답이 있고 봄말 이라는 들판이 펼쳐져 있다.

앞 논은 비가 오면 퇴비장에서 씻겨 내려오는 빗물로 벼농사를 지울 수 있어 비료를 주지 않아도 벼가 잘 자란다. 마을 주민들은 이 앞 논을 일등 답으로 꼽는다. 그러나 근래에 들어와서는 논보다는 밭에서 나오는 수입이 더 좋아 논을 밭으로 사용한다. 마을 사람들의 선망의 대상이었던 앞 논도 어느새 밭이 되어 꽃을 재배하는 아이러니한 일이 벌어지고 있다. 봄말에 있는 논도 꽃과 고등소채를 재배하려고 흙으로 메워 밭으로 사용하고 있다.

마을 안에서 논밭을 가려면 마을 입구를 나와 곱돌머리로 가는 길이 있고 바위뫼테를 돌아서 다니는 길이 있다. 바위뫼테로 가는 길가에는 이끼가 낀 흉물스러운 바윗돌이 버티고 있다. 대낮에도 그곳을 지나가려면 우중충하고 음산하여 발걸음이 제대로 떨어지지가 않는다. 특히 땅거미가 지기 시작하면 바위뫼테 주위는 온통 반딧불이 날아다니고 치성을 드린 음식물이 바위 위에 널려 있어 이곳을 지나가려면 금방 귀신이 달라붙는 것 같은 음산한 기운이 감돈다.

마을 사람들은 가뭄이 계속되면 개울물에서 끌어들인 봇물을 이용한다. 이 물로는 넓은 들판을 모두 적시기에는 역부족이다. 농사를 제대로 지으려면 남이 잠자고 있는 야밤중이라도 틈을 내서 물을 대야 한다. 그때에는 할 수 없이 이 바위뫼테를 지나다니지 않으면 안 된다.

바위뫼테에는 고인돌인 바윗돌이 다섯 개가 있었는데 세월에 떠밀려 세 개는 없어지고 지금은 두 개만 남아 있다. 현재 남아 있는 바위는 산주인이 산을 개간할 때 땅속에 묻혀 졌는데 현재는 윗부분만 조금 뾰족하게 남아 있다. 이 바위들이 자연적으로 생성된 것이 아니고 외부에서 옮겨 온 걸로 봐서는 고인돌 같은데 어느 시기에 누가 이곳에다 갖다 놓았는지, 문헌상에 기록이 없고 구전으로 내려오는 내력마저 없다 보니 답답하고 안타깝다.

토속신앙은 그 지방에 내려오는 고유한 신앙을 말한다. 옛날 우리 마을의 풍습은 섣달그믐날이면 방, 마루, 부엌, 장독대, 마구간 심지어는 측간까지 촛불을 켜 놓고 가정의 안녕과 자손들이 무탈하기를 빌었다. 또한 식구들의 몸이 불편하거나 하루의 꿈자리가 사나워도 바위뫼테를 찾아가 음식을 차려놓고 손이 발이 되도록 빌며 치성을 드렸다.

옛날 우리의 풍습은 장승을 세우거나 탑을 쌓으면 이곳에도 신령이 내려와 자기가 바라는 소원은 무엇이든지 이루어지는 것으로 알았다. 그리고 이들 토속 신을 잘 모시면 재앙이나 악귀로부터 모든 길흉을 막

아주는 거로 믿었다. 반면에 장승을 해치거나 탑을 허물면 동티*가 나서 사람이 죽거나 다치게 된다고 믿으면서 살아왔다.

지금은 사라지고 없어졌지만 우리 고장 남태령고개에 큰 느티나무가 있었다. 그 옆에 성황당이 있었는데 삼남 지방에서 서울로 과거를 보러 오는 선비가 이곳을 지나다닐 때에는 꼭 과거급제를 이루어 달라고 하면서 돌을 던졌다. 이 돌이 쌓여서 이루어진 것이 돌무덤이다. 나도 한국전쟁이 휴전이 되어 서울로 학교를 다닐 때, 이 남태령고개를 지나갈 때에는 반드시 성황당에 돌을 던져놓고 발길을 죽여가면서 다녔다.

우리 고장 과천만 해도 50여 년 전에는 병원이라고는 제중병원 하나밖에 없었다. 의사는 산부인과 의사 한 분이 내과, 외과 모든 병을 다 진료를 맡아 보았다. 마을 사람들은 이 병원이 들어선 후에도 병원에 의존하는 것보다는 토속 신앙에 의지하며 살아왔다. 집안에 환자가 생기면 병원을 가는 것을 제쳐놓고 우선 무당을 데려다 굿을 하면서 병이 낫기를 바랐다. 하물며 소가 소죽을 먹지 않아도 바위에다 음식을 차려 놓고 손이 발이 되도록 빌었다.

이러한 일들은 산업사회가 들어서기 전까지 계속 이어져 왔다. 바위뫼테는 한때는 신성하고 성스럽게 여겨졌는데 지금은 훼손되고 파기되어 우리들 시야에서 점점 멀어져 가고 있다.

---

* 동티 : 예부터 금기시되어온 행위를 하여 귀신을 노하게 하였을 때 받는 재앙의 하나. 한자어로 동토(動土)라고 한다..

미리내 다리

7월 들어 시도 때도 없이 비가 쏟아진다. 정부는 집중호우로 큰 피해를 입은 청주, 괴산, 천안 등을 특별 재난지역으로 선포한다. 그런데 오늘은 비가 멈추고 하늘은 구름 한 점 없이 맑고 푸르다.

서울대공원 분수대에서 스카이리프트 정거장까지 가는 길가에는 넓은 땅이 공지로 남아 있다. 그런데 오늘 와서 보니 '사람과 자연이 함께 어우러지는 행복한 생태문화공원'을 조성한다고 흙을 파헤쳐 놓았다. 그 일대가 어수선하고 엉망진창이다.

요즘은 더위가 봄여름 가리지 않고 기승을 부린다. 이곳 대공원에는 아침부터 더위를 무릅쓰고 많은 사람들이 산책길에 나섰다. 그들은 무슨 꿈과 희망을 바라면서 따가운 햇볕이 내리쬐는 길을 걷고 있는지…. 고행의 길을 걷고 있는 순례자처럼 그 모습들이 천태만상이다. 건강을 유지하면서 여생을 즐겁고 행복하게 보내고 싶어서일까, 오늘은 대공원을 찾는 등산객 중에 유난히도 노인들의 모습이 많이 눈에 띈다.

대공원 한쪽에서는 전경들이 무거운 철모를 쓰고 구슬 같은 땀방울을 흘리면서 데모를 진압하는 훈련을 받는다. 이런 일을 아는지 모르는지 코끼리차는 대공원 둘레길을 돌며 사람을 실어 나른다. 스카이리프트는 공중에 매달려 청계산을 향해 움직인다. 그 그림자가 호수 속에서 물 흐르듯이 흘러간다. 오늘 하루도 이렇게 서울대공원은 톱니바퀴가 돌아가듯 흘러만 간다.

등산객들 틈에 팔십이 되어 보이는 노부부가 지팡이에 몸을 지탱하면서 호숫가를 걷는다. 한 발 한 발 옮겨가며 힘들게 걷고 있는 모습을 바라보니 "노인들은 국가에서 책임을 지고 부양을 해야지, 왜 자식들이 책임을 져야 하는지 이해가 안 된다"고 어느 젊은이가 말했다는 것이 뇌리에서 사라지지 않는다.

나는 건강을 다지기 위하여 자전거를 타고 다니는 것을 일상화한다. 가끔 자전거를 타고 양재천 산책길을 달리다 보면 많은 지인들을 만난다. 그중에서도 은사인 최 교장 선생님을 자주 만난다. 사모님의 부축을 받아 가며 산책을 하는 모습을 보면 가슴이 아려온다.

'인생은 일장춘몽'이라고 선생님이 갑자기 돌아가셨다는 부음이 알려온다. 그 후 자전거를 타고 양재천 산책길을 지날 때마다 많은 사람들 틈에 끼어 건강을 다지려고 무던히 애를 쓰시던 선생님의 생전에 모습이 떠올라 가슴을 울린다.

췌장암으로 안양 메트로병원에 입원한 친구를 보러 갔다. 병석에 누워있는 그는 우리를 보자 말없이 눈물만 흘린다. 곧 돌아올 이 세상과의 마지막 이별이 슬퍼서일까. 그의 마른 손을 잡고 있다가 병실을 나오려고 하니 발걸음이 제대로 떨어지지가 않는다. 집으로 돌아오면서도 병석에 누워있는 친구의 쓸쓸한 모습이 떠오른다.

대공원 둘레길을 걷다 보면 어린이들의 천국인 '기린 나라 어린이 체험놀이터'가 나온다. 이곳에서 동물원이 있는 방향으로 걸으면 호수를 가로지르는 '미리내 다리'가 나온다. 미리내 다리는 독일에 있는 라인강도 아니고 파리에 있는 세느강도 아니다. 단지 대공원 호수를 가로질러 장미원으로 가는 다리이다.

미리내 다리 밑으로 흐르는 호수, 물 위에서는 팔뚝만 한 잉어 떼들이 몰려다니고 청둥오리들이 무리를 지어 한가롭게 자맥질을 하고 있다.

마루터기논

우리 집에는 마루터기논을 비롯하여 여러 뙈기 농토가 있었다. 매각도 하고 경마장에서 수용을 하다 보니 지금은 밭 한 뙈기가 유일하게 남아있다. 직접 농사를 지울 수 없어 임대를 주었다. 세월이 흘러가도 우리 집 농토였던 다른 지명은 다 생각이 나는데 유독 '마루터기논' 이름만 떠오르지 않았다.

그런데 오늘 아침에 생각지도 않은 '마루터기논'이 떠올랐다. 혹시 잘못 기억하고 있는 것은 아닌가 하고 인터넷에서 검색을 해 보았더니, 산마루나 용마루 따위의 높게 두드러진 턱을 말하며 토박이말로 된 재미있는 땅 이름이라고 한다. 이 밖에도 '붉으무떡', '잔솔밭'. '말락고개', '저너머밭', '다섯거리논', '모세논' 등 낯이 서른 지명들이 옛날부터 우리 마을에 전해져 내려왔는데 산업사회가 들어서면서부터 급속히 사라져간다.

마루터기논은 '붉으무떡'이라고 부르는 산 아래 작은 도랑물이 흐르는 제방 밑에 있다. 땅이 비옥하고 소출이 많이 나서 우리 집 농토 중 부모님이 가장 아끼던 토지 중에 하나이다. 그런데 이 논은 모를 심어도 비가 오지 않으면 논바닥이 쩍쩍 갈라지고 뽀얗게 타들어 가는 게 흠이다. 아버지는 가뭄이 계속되면 이른 새벽에 세상모르고 잠들어 있는 나를 깨워 논으로 데리고 간다. 웅덩이에 가득 찬 물을 타래박으로 퍼 올리기 시작하면 힘이 들고 짜증스러워 한없이 아버지가 원망스러웠다.

그 당시는 어느 집이건 보릿고개가 태산준령같이 앞을 가로막고 있어 일꾼을 구하기가 힘이 들었다. 막상 구한다 해도 줄 품삯이 없고 보니 온 식구가 매달려 일을 하여야만 겨우 입에 풀칠을 했다.

지금 아이들은 그런 시절이 있었다는 것을 알기나 할까. 그래도 두세 시간 동안 물과 싸우다 보면 어느새 해가 솟아오른다. 그때쯤이면 웅덩이에 물도 줄어들고 타들어 가던 벼가 마치 환자가 링거주사를 맞고 정신이 돌듯 물맛을 보고 생기가 돌기 시작한다. 웅덩이의 물이 바닥이나 더 이상 퍼 올릴 수 없으면 아버지는 삽을 들고 다른 전장을 찾아간다. 나는 지긋지긋한 물싸움을 끝내고 타래박을 챙겨 들고 집으로 돌아온다.

일을 끝낸 성취감 때문인지 집으로 돌아가는 발걸음이 한결 가볍다. 어머니가 차려주신 꽁보리밥 한 그릇을 눈 깜짝할 사이에 먹어 치우고 몽당연필 하나를 책갈피에 넣어서 집을 나선다. 학교 가는 것도 즐거웠지만 무엇보다도 일에서 벗어나는 것이 신바람이 난다.

집에서 학교까지는 십 리가 되는데 늘 걸어서 다녔다. 큰 도로가 있었지만 빨리 가려고 늘 지름길인 밭둑을 걷기도 하고 뛰면서 다니곤 했다. 특히 학교를 다니면서 친구들과 사소한 일로 다투기도 하고 싸우면서 다니던 일이 엊그제 같은데 세월이 전광석화라고 할까. 많은 친구들이 저세상으로 갔는지 보이지 않는다.

그 당시에는 먹을거리가 없어서 하굣길에는 길가에 있는 밭에서 토마토와 참외를 따 먹으면서 다녔다. 가을이면 군것질할 게 없어서 무를 뽑아 파란 윗부분만 잘라서 먹고 하얀 아랫부분은 내버리곤 하였다. 지금도 무를 볼 때마다 물자가 부족했던 일제 치하에서 먹을거리가 없어 늘 허기진 배를 움켜쥐고 어렵게 보냈던 어린 시절이 떠오른다.

자라나고 있는 어린이들은 아버지나 할아버지 세대들이 어렵고 힘든 세월을 보내면서 지금과 같은 풍요로운 세상을 만들었다는 것을 알고나 있을까. 나도 한때는 아버지 밑에서 농사를 짓기도 하고 일자리가 있으면 고향을 떠나 타향에서 일을 하면서 지냈다. 그러다가 일자리가 없으면 다시 부모님 밑으로 돌아와 농사일을 도우면서 살았다.

21세기 들어 세상은 급속도로 변화하고 있다. 직종도 새로운 업종이 생겼다가 사라진다. 스마트폰이 일상화된 요즘은 옛것은 사라지고 새로운 직종이 우후죽순처럼 태어나고 모든 사물이 시시각각으로 변한다.

농경사회에서 산업사회로 접어들면서 우리 마을의 옛 모습은 사라지고 새로운 모습으로 탈바꿈한다. 지금 우리 마을은 밭농사와 벼농사를 버리고 넓은 농지에 비닐하우스를 짓고 꽃과 고등소채를 재배하면서 새롭게 살아간다.

삼사십 년 전만 해도 광창마을은 겨우 소마차가 다니던 시골 마을이었다. 그런데 흐르는 세월에 편승하여 4호선 전철이 우리 마을과 인접해 있는 선바위역과 경마장역을 지나 당고개와 오이도역까지 운행을 한다.

6번 버스는 과천시청에서 출발하여 선바위역을 지나 우리 광창마을을 관통하여 양재역까지 운행한다. 8번 버스는 광창마을 경유하여 삼부골까지 다닌다. 이렇게 변화하다 보니 옛날 지명들이 하나하나 사라지고 있으며 마루터기논도 기억 속에서 점점 희미해져 간다.

두 여인

온 주위가 적막강산에 싸여 있는 밤이다. 나는 오늘같이 쓸쓸하고 외로운 밤에는 골방에 들어가 내 장수 사진을 들여다보며 사색에 젖어 있기를 좋아한다. 내가 이 세상을 뜨게 되면, 저 사진을 걸어 놓고 장례를 치를 텐데 뭇사람들이 나를 어떻게 평가를 할까? 나는 끝이 없는 상상에 날개를 펴며 온갖 상념에서 벗어나지를 못한다.

내가 지금껏 살아오는 동안 수많은 사람들의 장례식에 참석하였다. 그중에서도 이모님 장례식처럼 초라하고 쓸쓸한 장례식은 내 생전 처음 보았다. 이모님은 자식이 없어 딸을 양녀로 들이고 일제 치하 그 어려운 시기에도 여고까지 졸업을 시켰다. 그리고 살던 집도 그녀에게 물려주었다. 삼사십 년 전만 하여도 양로원은 살아있는 고려장이라고 많은 사람들이 기피하였다. 그리고 사회에서 혐오하고 싫어하던 곳이다. 그런데 그녀에게는 양어머니이고 나에게는 이모님을 양로원으로 보내 그곳에서 돌아가시게 했다. 이 세상을 마지막 보내면서 이모님은 무슨 생각을 하면서 눈을 감았을까.

장례식은 망자의 측근들만 약간 참석하였다. 남자라고는 내 외사촌과 나뿐이었다. 우리는 망자의 육신을 작은 봉고차에 싣고 백제화장터로 운구하여 장례를 치렀다. 여러 과정을 걸쳐 가면서 장례식을 치르는 동안 양녀를 들이고 사는 것이 과연 옳은 일인가 하는 의구심이 머릿속에서 떠나지를 않았다.

장례를 치르고 여인네들은 절을 찾았고, 나는 허전한 마음으로 집에 돌아왔다. 그런 와중에 돌아가신 이모님을 위해 마지막 부처님께 불공을 드리고 온 외사촌 누님한테서 전화가 왔다. 장례를 치르는 동안 고생이 너무 심했고 동생 덕택에 무사히 장례를 치렀다는 전화였다. "노후가 행복하고 좋아야지 젊어서 아무리 호강을 하고 산들 무슨 소용이 있겠느냐"고 하면서 옛날 어른들 말씀에 "자식이 없는 것보다는 그래도 병신 자식이라도 있는 것이 낫다"는 말이 꼭 이모님을 두고 한 말 같다고 하셨다. 그 후 바쁘게 살다 보니 그 누님의 소식도 모르고 지금껏 살아왔다.

세상이 냉혹하고 가족제도가 핵가족으로 변하고 말았지만, 우리 인간은 누구나 다 노후가 행복하기를 갈망하면서 어려운 살림 속에서도 자식들을 키워가면서 살아간다. 그 누님도 노후가 편안하고 행복해야 될 텐데 남은 세월을 어떻게 보내고 있는지….

우리 어머니는 2남 5녀 중 4녀로 지금의 양재동인 '잔딧말' 마을에서 태어났다. 일찍 양친 부모를 여의고 오빠 밑에서 어린 시절을 보냈다. 이모님은 어머니하고는 10살 차이가 난다. 일찍 부모를 잃은 어머니는 이모님을 늘 어머니처럼 의지하면서 살지 않았나 하는 생각이 든다. 그런 어머니가 자매들 중에서 제일 먼저 74세에 세상을 하직하셨다. 이 세상을 뜨실 때 아버지가 꼭 세 살 된 아이 같다고 하시면서 아버님과 자식 복이 없는 이모님 노후를 걱정하며 두 분의 앞일을 나에게 부탁을 하셨다.

이모부는 창덕궁이 있는 원서동에서 점포를 운영하면서 동아일보 공무국에 근무를 하였다. 춘원 이광수와 가까운 친척이 된다. 춘원 덕택으로 신문사에서 근무를 한 것 같다. 이모가 6 · 25 사변 전까지는 어머니 형제 중에서 제일 풍족하고 여유 있게 살았다. 그러나 불행하게도 이모부가 돌아가신 후에는 형제들 중에서 가장 불행하게 말년을 보냈다.

과천서 노량진까지는 삼십 리가 된다. 내 어린 시절에는 차가 없어 늘 과천서 노량진까지 걸어서 다녔다. 어머니하고 이모님 생신 때 아침 일찍 서둘러 노량진까지 와서 전철을 탄 기억이 난다. 종로에서 내려 창덕궁 돌담을 끼고 원서동에 있는 이모님 집에 당도하고 보니 하루해가 다 지나갔다. 집안은 활기가 넘쳐흐르고 각처에서 온 친척들로 붐비고 있었다. 저녁에는 어머니 손을 잡고 친척분들과 함께 종로에 있는 화신백화점 구경을 하였다. 전등불 밑에 산더미같이 쌓인 물건들과 불빛에 반짝이는 보석들을 난생처음 보면서 나는 얼마나 놀랐는지 모른다. 마치 서울은 동화 속에 나오는 별천지 같은 생각이 들었다.

뭐하나 부러움 없이 살았던 이모가 옥에도 티가 있듯이 슬하에 자식이 없었다. 우리 집은 이모와는 달리 집도 초라하고 봄이면 늘 보릿고개를 맞이하면서 어렵게 살았다. 돈이라고는 만져 보지도 못하고 어린 시절을 보냈다. 그 시절 이모부가 외삼촌하고 설날에 우리 집에 오셨다. 그때 나는 수줍음을 많이 탔다. 그런데 어머니께서 세배를 올리라고 해서 큰절을 올렸더니 생각지도 않은 큰돈을 주셨다. 그때 그 돈을 어디다 썼는지는 기억이 나지 않지만 많은 세월이 흘러갔는데도 그 일이 내 머릿속에서 잊혀지지 않는다. 그런 이모부가 9 · 28 서울 수복 당시 인민군이 퇴각하면서 그들에 의해 학살당하였다. 형제들 중 가장 풍족하게 살았던 이모가 그 일을 당하고 나서부터 양녀하고는 자주 마찰이 있었고, 결국에는 양로원으로 들어가게 되었다.

전쟁의 참화는 모든 사람들에게 불행을 안겨 주었다. 이모님의 딸 양녀는 전쟁이 할퀴고 간 어두운 사회에서 결혼을 하였지만 불행하게도 행복하지 못하였다. 자식을 남매를 두고 이혼을 한 후, 이모님과 살림을 합쳤지만 수복된 지 얼마 안 되어 살아가기가 몹시 힘이 들었다. 그런 가운데 다 큰 자식이 낚시를 하러 갔다가 불행하게도 저수지에서 빠져 익사하였다. 그로 인하여 그녀는 계속 찾아드는 불행에 삶의 의욕을 상실했고 자포자기를 하였다. 그렇게 살다 보니 이모님하고는 날이 갈수록 갈등이 심해졌고 골이 깊어만 갔다. 인간은 자기의 운명을 한 치 앞도 알 수도 없고 예측할 수도 없는 나약한 존재인가? 톨스토이는 "다른 사람을 위하여 희생하는 것이야말로 진정한 사랑"이라고 하였는데 나는 톨스토이의 이 명언을 되새겨 보지만 우리 인간이 어떻게 살아가는 것이 행복하고 옳은 일인지 알 수가 없다. 이모님과 양녀, 두 여인이 걸어온 삶을 음미하고 또 두 여인의 운명을 생각하면 생각할수록 명쾌한 대답을 얻을 수 없고 혼란스럽기만 하다.

낯선 고향

나의 9대 조(祖)는 많은 애환을 짊어지고 옛날 '가칠 목'이라고 부르던 노량진에서 과천 광창마을로 이주를 했다. 그런데 왜 하필이면 이곳으로 이주를 하였는지 기록이 없다 보니 그 연유는 알 수가 없다.

그 당시 서울에서 마포와 노량진은 어시장으로 쌍벽을 이루던 곳이다. 광창마을에는 손 씨를 비롯하여 서너 집이 살아오다가 대가 끊긴 집도 있고 마을을 떠난 집이 있다. 늦게 정착해 온 은진 송 씨, 경주 김 씨, 김해 김 씨 등의 자손들이 지금 마을의 명맥을 이어오고 있다.

은진 송 씨와 경주 김 씨는 양가 자손들이 혼맥을 이루어가고 씨족 사회를 형성하여 오늘에 이른다. 이들은 청계산 산줄기 밑인 광창마을에서 대대로 집을 짓고 농사를 천직으로 알고 살아온다. 농사철이 지나 추수가 끝나고 가을철이 돌아오면 햇곡식으로 고사를 지내 이웃과 나누어 먹으면서 마을의 경조사가 발생되면 상부상조를 하며 지내 왔다.

요즘은 마을의 판도가 하루가 다르게 변화한다. 누대에 걸쳐 내려온

은진 송 씨 종갓집이 다른 사람에게 넘어가고, 그 터에 다가구 다세대 주택이 들어선다. 경주 김 씨 종가도 경매물로 나돌더니 어느 날 갑자기 처분된다.

우리 마을에 아버지하고 연배가 같은 분이 있었다. 경주 김 씨인 그분은 성품이 인자하고 자상하다. 자수성가를 하여 대농을 이룬 입지적인 인물이기도 하다. 뭐 하나 부족함이 없이 말년을 풍요롭게 보내다 세월에 떠밀려 아버지도 그분도 다 세상을 하직하셨다.

세상과 이별을 할 때 그분의 마음은 어떠하였을까. 그의 자식은 아버지가 남긴 재산으로 사업다운 사업도 제대로 해보지 못하고 많은 빚을 지고 3년도 안 돼 세상을 떠났다. 많은 재산이 눈 녹듯 녹아 지금은 그 자손들이 마을에서 자취를 감춘 지 오래되었다. 재산이란 생물과 같아 그냥 있지 않고 늘 변화하고 움직이는 모양이다.

우리 마을에서 명맥을 이어오던 밀양 손 씨 종가댁은 자식이 없어 손이 끊어진 지 오래다. 그 지손(支孫)들은 경마장이 들어와 농토를 수용을 할 때 얼마 안 되는 보상을 받고 마을을 떠났다. 김해 김 씨 자손도 알게 모르게 마을을 떠나 서너 집만 우리 마을에서 살고 있다. 그마저 집을 지니지 못한 채 하우스와 남의 집에 둥지를 틀고 명맥을 유지한 채 살아가고 있다.

아버지는 우리 집터가 습하고 토양이 무르다고 해서 집을 헐고 한국전쟁 때 폐허가 된 손 씨 종가가 살던 터에 새로 집을 지었다. 그 터는 이백 평이 되는데 그린벨트로 묶여 있고 남의 명의로 되어 있던 대지를 내가 직장생활을 할 때 구입을 하였다.

우리 집 앞에는 은진 송 씨 윗대 조상이 잠들어있는 묘지가 있었다. 마을 사람들은 이곳을 '산소 앞'이라고 불렀다. 나의 어린 시절 마을 어린이들은 수시로 이곳에 모여서 병정놀이, 자치기, 찜뿌*를 하면서 많은 시간을 보냈다.

마을 안에 놀 장소가 마땅치 않아 넓고 앞이 확 트인 이곳 산소 앞에서 주로 놀았던 걸로 기억된다. 시간이 갈수록 내 막막 속에서 '산소 앞'이라는 글자가 사라져간다. 우리 마을에서 '산소 앞'을 기억하고 있는 사람은 몇이나 될까. 지금 이곳에는 상상도 하지 못한 큰 건물과 주택들이 줄줄이 들어서고 있다.

은진 송 씨 자손 중 현재 이곳 마을에는 20여 세대만 남아 있다. 나는 광창마을에서 살고, 동생은 강남에서, 자식은 분당에서 각각 살아간다. 많은 대소가들이 분가를 해서 직장 따라 외지에서 삶의 터전을 마련하고 산다. 외국에서 사는 집도 서넛 집이 된다. 경주 김 씨는 우리 송 씨보다 훨씬 적은 대여섯 세대만 남아 명맥을 이어오고 있다.

은진 송 씨는 경주 김 씨하고 오래도록 쌍벽을 이루며 살아왔다. 마을을 사랑하고 좌지우지하던 노인들은 저세상으로 간 지 오래다. 언제 죽을지 모르는 빈 쭉정이가 된 노인 넷이 마을을 지키고 있다. 우연하게도 그 노인들 넷이, 나를 비롯하여 다 팔십이 지난 송 씨들이다.

변화하는 물결이 빠르게 흘러간다. 자고 나면 마을의 모습이 새롭게 단장을 한다. 이제 우리 마을은 원주민은 가뭄에 콩 나듯 하고 낯선 이방인이 들끓는다. 마을 안길을 걸을 때마다 고향이 고향 같지 않고 타향같이 느껴지기만 한다.

---

* 찜뿌 : 고무공을 이용해서 야구 형식으로 즐기는 아이들의 놀이.

나의 소망

우리 집에는 여러 가구가 산다. 평소에도 폐품이 나오지만, 이사할 때에는 의외로 옷가지나 폐품이 많이 쏟아져 나온다. 집사람은 이 폐품을 모았다가 파지나 폐품을 수집하는 이들 부부에게 조금이라도 살림에 보탬이 될까 해서 전해준다. 그런 인연도 있어서인지 폐품을 줍고 있거나 차를 타고 가다가도 우리 부부를 보면 반색을 하며 인사를 한다.

이들 부부는 새벽부터 일을 하면 어려움이 많을 텐데 그 일이 하늘이 준 천직인 양 열심히 일을 한다. 길가에 있는 인도를 걷다 보면, 그 틈새를 비집고 올라오는 잡풀들의 강인한 생명력을 보게 된다. 사람들의 발길에 밟히면서도 끈질기게 살아가는 모습을 보면 청소부와 파지를 줍는 부부가 왜 자꾸 떠오르는지 모르겠다.

헬스장에서 운동을 지속한다는 것도 그리 쉬운 일이 아니다. 운동을 하는 도중에도 포기하고 싶은 생각이 간절하다. 비가 온다거나 눈보라가 치는 날이면 더욱 쉬고 싶은 생각이 간절해진다. 그러나 내 의지와의 싸움에서 패배하면 앞으로 아무 일도 못 한다는 강박관념에 휩싸여 운동을 지속하고 있다. 젊었을 때에는 과음으로 몸을 혹사시켰지만 지금은 술을 절제하면서 살아간다. 특히 건강에 대해서는 각별히 신경을 쓴다.

일상생활을 하는 데 있어서 전철이나 버스를 타고 다녀도 되지만 건강을 다지기 위하여 걷거나 자전거를 타고 다닌다. 버스는 다행스럽게도 우리 집 앞에 정거장이 있어 이용하기가 편리하지만, 비가 오거나 눈보라가 칠 때만 타고 다닌다. 건강은 건강할 때 다지라고 한다. 팔십이 되어 산행을 한다는 것은 쉬운 일이 아니지만 나는 가까운 지인과 가끔 산행을 즐긴다.

시력이 떨어져 돋보기를 사용한다. 치아가 나빠지기 시작하여 임플란트를 심는다. 귀도 들리지 않아 대화하는 데 많은 불편을 느낀다. 다리도 여러 번 다쳐 다니기가 불편하다. 나중에는 무릎에 인대까지 늘어나 한방을 찾아 침도 맞아보고 정형외과를 찾아 물리치료도 받아 보았지만 그때뿐이고 차도가 보이지 않는다. 체중을 줄이려고 하나 몹시 힘이 든다.

소식을 하고 헬스클럽장에서 운동을 한다. 운동이 끝나면 샤워장으로 들어가 눈, 코, 귀 그리고 발가락과 무릎에 이르기까지 열심히 마사지를 한다. 그 결과 요즘은 건강도 좋아지고 체중도 많이 줄어들었다.

내가 몸을 관리하고 있는 것은 백세시대에 맞추어 오래 살려고 하는 것은 절대 아니다. 삶과 죽음이란 타고난 운명이고 하늘의 뜻이라고 생각한다. 그러나 건강검진을 받았을 때 의사가 소망한 65kg가 되도록 계속 노력하려고 한다. 이것은 나의 소망이고 의지와의 싸움이다.

꿈속의 봄길

농촌 지역에서는 춘분이 지나면 흙을 일구고 씨 뿌릴 준비를 한다. 이때쯤이면 꽁꽁 얼었던 땅도 풀리기 시작한다. 겨우내 움츠렸던 몸과 마음도 따스해지고 온몸에 힘이 솟아오른다.

아버지는 춘분이 지나면 제일 먼저 일 년 동안 농사지을 씨앗과 농기구를 손질을 한다. 어머니는 겨우내 움츠렸던 몸을 펴시고 자식들이 즐겨 먹을 봄나물을 뜯으러 밭과 들로 다닌다. 춘래불사춘(春來不似春)이라고 겨울 못지않게 차가운 꽃샘추위가 봄이 오는 길목에서 심술을 부린다. 봄바람이 불기 시작하면 많은 세월이 흘렀는데도 어머니가 끓여주시던 쑥국과 냉이나물 맛이 잊히지 않고 왜 떠오르는지 모르겠다.

유교의 정신철학을 바탕으로 한 채근담(菜根潭)에 재화종죽(栽花種竹)이란 글이 나온다. “꽃을 가꾸고 대나무를 심는다”는 글이다. 이 글을 보면 제일 먼저 세파에 찌든 내 영혼과 육신을 맑게 걸러주는 숲이 떠오른다.

우리나라는 오십 년 전만 해도 지금의 북한 땅과 같이 온 산이 붉은 민둥산이었다. 그 후 식목일이 돌아오면 헐벗은 붉은 산에 사방공사를 하면서 나무를 심었다. 매년 식목일을 맞이하여 나무를 심고 가꾸다 보니 지금과 같이 푸르고 울창한 숲을 이루었다. 우리가 살아가는 데 있어서 무슨 일이든 시작하기가 어렵지 목표를 세워놓고 밀고 나가다 보면 반드시 좋은 결실을 맺는 것이 자연의 이치다.

봄, 여름, 가을, 겨울 4계절마다 고산 윤선도가 읊은 「어부사시사」와 같이 특색이 있다. 녹음이 짙게 깔린 여름철과 결실의 계절 가을철이 돌아오면 가고 싶은 곳도 많아지고, 오르고 싶은 산도 많아진다. 어린 시절 친구들과 청계산 골짜기에서 산열매를 따먹고 흐르는 물에서 가재를 잡던 일이 생각이 난다. 나이 탓인가. 세월이 흘러도 그 골짜기가 그리워지고 같이 놀던 친구들이 보고 싶다.

얼마 있으면 따스한 봄날이 찾아오리라. 막계천변과 양재천 둑길에도 갯버들과 붓꽃들이 꽃망울을 터트리라고 본다. 경마장으로 가는 말두래길가에는 하얀 목련꽃과 노란 개나리꽃이 피어오르고, 그 뒤를 이어 연분홍 진달래꽃이 꽃망울을 터트리겠지.

개나리꽃이 늘어선 말두래길을 걷다 보면 우마차를 끌고 퇴비를 실어나르던 생전에 아버지 모습이 떠오른다. 꼬불꼬불한 농로였던 도로가 아스팔트가 깔려있고 꼬리를 이어가며 자동차가 달리고 있는 모습을 바라보면 하루가 다르게 변화하는 세월에 격세지감을 느낀다.

풍요로운 생활 속에서도 춘궁기로 살기가 어려웠던 시절이 가끔 떠오른다. 하루 일과가 끝나고 저물어 가는 저녁이 찾아들면 밥 짓는 연기가 집집마다 굴뚝에서 솟아오른다. 모락모락 솟아오르는 연기를 쳐다보면 뱃속에서 밥 달라는 소리가 쪼르륵 난다.

어머니가 가마솥에 붙어있는 보리누룽지를 긁어 주시던 시절이 어제 같은데 어느새 세월이 흘러 먹을 것을 눈앞에 쌓아 놓고 다이어트를 하면서 살아가는 세상이 왔다. 어머니는 집안 살림에 보태 쓰려고 한적하고 외진 곳에다가 닭장을 지어놓고, 닭 서너 마리와 개 한 마리를 늘 길렀다. 그때 나는 삼십 리가 되는 안양중학교를 걸어서 통학을 하였다. 새벽이면 닭 우는 소리, 개 짖는 소리가 춘곤증에 빠져 깊이 잠든 나를 깨웠다. 그 시절 나를 졸졸 따라다니며 꼬리를 흔들던 개가 어느 날 갑자기 보신용으로 팔려 가는 모습을 보고 심한 충격을 받았다.

나는 어머니가 돌아가신 후로는 개를 기르지 않는다. 그런데 아들은 아파트 안에서 애완견을 화초 가꾸듯이 기른다. 새벽잠을 깨워주던 개 짖는 소리, 닭 우는 소리를 들은 지가 오래되었다. 출퇴근 시간이면 농로였던 마을 안길이 줄을 이어가며 자동차가 달린다. 자동차에서 나오는 경적소리가 내 무딘 신경과 온 동네를 뒤흔들어댄다.

도로를 달리고 있는 자동차와 하늘을 나는 비행기들을 바라보면 모양과 성능이 하루가 다르게 변화하고 발전한다. 인공지능(AI) 로봇이 나오고 기계가 인간의 기능을 잠식하는 시대는 이미 와 있다. 앞으로 다가올 세기에는 공상 만화 속에 나오는 비행체가 온 우주를 비행하는 시대가 오리라고 본다.

다가오는 세기의 희망이 가득 찬꿈속의 봄 길을 걸으며 나는 끝이 없는 상상에 날개를 펼친다.

4부
구겨진 사진 한 장

구겨진 사진 한 장

어머니가 돌아가신 후 이불을 치우는데 요 속에서 막내 여동생 흑백 사진 한 장이 나온다. 그 사진을 얼마나 많이 들여다보았으면 빛이 바랬고 구겨졌는지 어머니 생각만 하면 가슴이 아려온다.

지난해 팔순에 이수역 근처에 있는 한정식 식당에서 형제들과 식사를 했다. 그때 미국에서 귀국한 막내 여동생한테 빛바랜 흑백 사진 이야기를 하였더니 손수건을 꺼내 들고 눈물을 훔친다. 어머니가 생전에 그 모습을 보셨더라면 얼마나 가슴이 아팠을까. 얼마 남지 않은 인생 어떻게 보내는 것이 현명할지….

막내 여동생은 결혼하고 미국으로 훌쩍 떠났다. 어머니는 낯선 이국땅에서 살아갈 막내딸을 생각하면서 말은 안 하여도, 늘 노심초사하면서 세월을 보내신 것 같다. 그런 와중에 불청객인 암이 찾아와 수술을 받았다. 그런데 5년을 넘기지 못하고 재발되어 병석에서 막내딸 사진을 들여다보며 남은 세월을 보낸 것 같다.

어머니는 어린 시절 부모님을 여의고 오빠 밑에서 성장했다. 오 형제 중 넷째인 아버지를 만나 2남 4녀를 두었다. 일제 치하에서 갖은 고생을 하며 사시다 돌아가셨다. 그 후 우리는 3만 불 시대를 맞이하여 풍족하게 살아가고 있다. 어머니도 좀 더 오래 사시던지 좀 더 늦게 태어났더라면 고생을 덜 하시고 풍요로운 세상에서 사시다 가셨을 텐데. 일제 치하 암울한 시기에 태어난 어머니를 생각하면 좋은 시기에 태어나 성장하는 것도 큰 축복이라는 생각이 든다.

1986년, 우리 마을에 경마장이 들어섰다. 서울 88올림픽을 치른다는 명목으로 재개발사업이 벌어졌다. 나도 아버지 때부터 살아오던 집을 헐고 주택을 새로 짓기 시작했다.

집을 짓고 있는 동안 어머니는 계실 곳이 마땅치 않아 강남에 살고 있는 동생 집에 잠시 머물게 된다. 그런데 집을 짓는 도중에 병환이 도진다. 집에 가고 싶다고 하는 바람에 집으로 모시고 왔다. 그 당시 나는 축사 한쪽에 방 한 칸을 들이고 살고 있었다. 어머니가 돌아오시자 축사에다 합판을 깔아 놓고 거처를 옮긴 후 방을 내드렸다. 결국 어머니는 이 방에서 병마에 시달리시다가 새로 지은 집에서 단 하루도 살아보지 못하고 세상을 뜨셨다.

그 당시에는 초상이 나면 장례식장이 없어 어느 집이건 집에서 치렀다. 이 누추한 방에서 어머니도 3일장을 치르면서 지냈다. 그런데 상상 외로 많은 문상객이 찾아왔다. 문상객이 타고 온 차로 마을 골목마다 붐볐다. 마을 사람들은 우리 마을이 생긴 이래로 처음으로 차가 많이 왔다고 하였다. 당시 나는 청계천에서 장사를 하고 동생은 공직에 몸을 담고 있었다. 그래서인지 의외로 문상객이 많았다.

요즘은 사촌도 남같이 지낸다. 그런데 그 당시 아버지 이종사촌인

강창한 아저씨는 어머니가 돌아가시자, 장례 기간 내내 머물다 '해월리' 선산이 있는 산판까지 가서 장례를 치르시고 가셨다. 지금은 형제자매 지간에도 우애가 깊지 않지만, 그 당시에는 친척을 끔찍이 생각한 시대였다. 지금은 그분도 다 저세상으로 가시고 어느새 나도 백발이 되었다.

부모가 자식을 효자로 만들어 준다고 아내는 자식을 끔찍이 사랑한다. 자식도 집사람한테 수시로 전화를 한다. 시간 나는 대로 찾아와 외식을 시켜준다. 그 모습을 바라보면 부모님 생전에 잘 모시지 못한 자책감이 늘 가슴을 아프게 한다.

몇 년 전 집사람이 세브란스병원에서 수술을 받았는데 입원 기간이 짧아 간병인을 구할 수 없어 아들이 휴가를 내서 퇴원할 때까지 5일간 병실에서 머물며 대소변을 받아냈다. 병문안을 왔다가 그 모습을 바라본 처제는 혀를 내두르곤 하였다. 우리 부부가 황혼길에 들어선 지 오래되었다. 앞으로 언제 어떻게 될지는 아무도 모른다.

지금은 장례문화도 많이 바뀌었다. 사회 흐름이 매장에서 화장으로 바뀌었다. 봉분보다는 납골당을 선호한 지가 오래되었다. 인도의 수상이었던 '간디' 여사는 그의 유언에 따라 죽어서 화장을 하여 유골을 에베레스트산에다 뿌렸다. 그런데 왜 우리나라 대통령 묘는 어느 왕릉 못지않게 호화찬란할까. 힘 있는 자는 매장을 선호하고 힘없고 가진 것이 없는 자는 납골당을 찾아간다. 간디 여사와 같은 훌륭한 지도자가 왜 우리나라에서는 나오지 않고 임기가 끝나면 줄줄이 감옥행을 할까.

나는 어머니의 유언에 따라 후손들이 편안하게 사회생활을 할 수 있도록 해월리 선산에 있는 묘를 화장을 하여 납골당으로 모시려고 한다.

허나 동생이나 자식이 선뜻 응해 주지를 않는다. 할 일은 많은데 시간만 허송 된다. 요즘은 잠자리에 들면 구겨진 사진 한 장 속에 담긴 어머니 모습이 자주 떠오른다.

관악산과 연주암

관악산은 명산이기도 하지만, 악산이고 보니 정상을 오르는 데는 몹시 힘이 든다. 관악산 입구에 있는 과천향교를 지나 돌길을 걷다 보면 KBS에서 운영하는 케이블카가 나온다. 그 옆에는 맑은 물이 사시사철 흐른다. 개울 바닥은 크고 작은 돌과 바위들로 깔려있다. 이 길을 걷다 보면 바위로 이루어진 가파른 고갯길이 계속 나온다.

험준한 고개를 지나 사찰을 향해 계단을 하나하나 밟고 올라갈 때에는 숨이 차고 힘이 쭉 빠져 발길이 제대로 떨어지지 않는다. 그러나 숲속에서 들려오는 새소리, 대웅전에서 울려 퍼지는 목탁 소리, 불경을 읊은 스님의 청아한 목소리를 들으면 발걸음이 한결 가볍고 경쾌해진다.

나의 10대 조모께서는 일찍 홀로되어 어린 자식 하나만 데리고 과천 광창마을로 이주를 하였다. 이곳에 정착하여 살아오면서 자칫하면 대가 끊길지도 모른다는 노파심으로 연주암을 자주 찾으셨다. 대웅전에서는 가세가 번창하기를 빌고, 칠성각에서는 자손이 번성하기를 축원했다. 정성이 효험이 있었던지 지금은 자손이 번성하여 백여 세대를 이루며 전국 각지에 흩어져 살고 있다.

일제 강점기와 한국전쟁을 겪은 우리 사회는 어둡고 물자가 부족하여 모든 사람들이 힘들게 살았다. 그 시절, 나는 사월 초파일이 돌아오면 어머니를 따라 연주암을 찾았다. 노인들이 쌀을 머리에 이고 가파른 연주암을 향해 걷고 있는 모습을 보면 애처로운 생각이 들었다. 그 당시는 한국전쟁이 끝난 지 얼마 되지 않아 사회가 몹시 혼란스럽고 물자가 귀했던 시절이었다. 험준한 산을 오르기가 몹시 힘이 들어 할머니들은 늘 지팡이 대신 나뭇가지를 꺾어서 짚고 다니셨다.

산 정상에는 연주대가 있다. 나라를 잃어버린 고려의 충신들이 연주대에 올라 옛 왕조를 생각하며 망국의 한을 달래며 눈물을 흘렸다는 일화가 있다. 그곳은 본래 관악사로 신라 의상대사가 현재의 절터 너머 골짜기에 창건하였다. 그런데 조선을 개국한 이성계가 무학대사의 권유로 국운의 번창을 기원하기 위해 험준한 연주봉 절벽 위에 석축을 쌓고 '연주대'라는 암자를 새로 지었다.

양녕대군과 효령대군이 충녕대군에게 왕위를 물려주려는 태종의 뜻을 알고 왕궁을 나와 전국을 떠돌다 잠시 연주암에 머문 적이 있다. 대군들은 수시로 가파른 암자에 올라 한양을 내려다보면서 왕좌에 대한 미련을 버리지 못하고 괴로워하다가 왕궁이 보이지 않는 현재의 위치로 절을 옮겼다고 하는 일화가 전해지고 있다.

연주암은 여러 차례에 걸쳐 중수를 하였다. 현재 보존하고 있는 경내의 당우로는 대웅전과 금륜보전이 남아 있다. 대웅전 뜰에는 고려시대 건축양식으로 되어있는 효령대군이 세운 3층 석탑이 있다. 응진전(應眞殿)에는 부처님의 제자인 16나한(羅漢)을 모신 현판과 효령대군의 초상화가 보존되어있다. 고려시대 것이라는 약사여래석상이 남아있는데 이 석상은 영험이 있다고 하여 신도들의 발길이 끊이지 않고 계속 이어지고 있다.

세월이 흐르다 보니 젊었을 때와는 달라 산행을 하기가 힘이 들어 요즘은 과천종합청사 옆에 있는 보광사로 불적을 옮겼다. 매년 사월 초파일이 돌아오면 불공을 드리러 다닌다. 하지만 평생 동안 관악산 대웅전을 다니던 일이 떠올라 마음이 혼란스럽고 착잡하다.

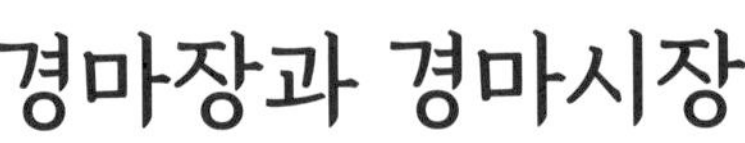

경마장과 경마시장

경마시장은 경마장으로 들어가는 통로를 이용하여 시장으로 사용한다. 매주 수요일과 목요일마다 시장이 서는데 각 지방에서 생산된 순 우리 농산물만 취급한다. 농민이 직접 생산한 농산물을 손수 팔고 있어 가격이 저렴하고 신선미가 매우 뛰어나다. 집사람은 경마시장을 자주 이용한다. 계란은 갓 낳은 것을 양계업자가 직접 팔고 있어 시장을 볼 때마다 한 판씩 사 들고 온다.

경마가 끝나 사람들로 붐비고 있는 통로는 어느새 도떼기시장으로 변해 지방에서 모여든 상인들과 물건을 사러 온 사람들로 붐빈다. 농민들은 자기가 생산한 농산물을 직접 차에 싣고 와서 다음날 목요일까지 대형 마트와 백화점에 맞서 하나라도 더 팔려고 손님들에게 시식을 시켜가며 안간힘을 쓴다. 경마가 시작되는 날이 찾아오면 시장은 경마로 인하여 폐쇄되고 시장은 통로로 변한다. 이날은 경마인 들이 경마장을 향해 꼬리를 이어가며 찾아든다.

경마장이 들어서기 전에는 우리 집 밭이 있었다. 아버지는 그 밭이 산속에 있다고 해서 '구석밭' 이라고 불렀다. 구석밭은 토질이 좋아 주로 참외, 수박, 토마토 등등 과채류를 심었다. 그 밭 주위는 아총(兒塚)이 있어 대낮에도 다니기가 매우 싫었다.

어느 날인가 일꾼들 반찬을 해주려고 어머니 심부름으로 오이를 따러 갔다. 내 바로 손 위인 누님과 같이 바구니를 들고 숲을 해쳐가며 구석밭으로 막 들어서려고 하는데 갑자기 짐승 우는 소리가 들려와 바구니를 내 던져버리고 집으로 뛰어온 적이 있었다.

나중에 안 일이지만 그 짐승 소리는 짐승이 울던 소리가 아니고 산에 버섯을 따라 왔던 우리 마을 사람이 우리를 놀려주려고 일부러 괴상한 짐승 소리를 낸 것이라고 하였다. 그 후 그 사람은 불행하게도 오십 대 때 소를 끌고 가다 소에 받혀 비명횡사했다.

세월이 흐르다 보니 생각지도 않은 경마장이 구석밭까지 들어서 많은 경마꾼들의 발길이 끊이지 않는다. 경마가 없는 수요일과 목요일은 통로가 경마시장으로 다시 변한다. 옛날에는 구경도 할 수 없는 과일들을 좌판마다 산더미 같이 쌓아 놓고 판다. 이 시장을 돌아다 볼 때마다 구석밭이 생각이 나 격세지감이 느껴진다.

과천 경마장은 일명 광창주마라고도 부르는데 과천 팔경 중에 하나이다. 청계산 자락에 자리 잡고 있어 주위 전망이 매우 아름답다. 가족공원에는 오락을 즐길 수 있는 원두막과 많은 조형물이 설치되어 있다. 특히 어린이들이 즐길 수 있는 조롱말과 어린이그네 등 다양한 놀이 기구들이 눈길을 끈다.

경마가 시작되면 기수들은 유니폼과 모자를 쓰고 타원형으로 된 경마장을 말과 함께 사력을 다하여 질주한다. 경마꾼들은 경마지를 보고 마권을 들여다보며 자기가 선택한 말이 일등으로 들어와 대박이 터지기를 바란다. 대박을 터트린 사람은 활기가 넘쳐흐르지만, 대박을 터트리지 못한 사람은 기가 죽어 경마장을 나온다. 경마를 오락으로 즐겨야지 많은 돈을 들어가면서 대박을 터트리려고 하면 집마저 날리고 패가망신을 당하는 수도 있다. 나는 경마는 하지 않지만, 시간이 있으면 경마장을 찾아가 사진을 찍으면서 경마 경기를 즐긴다.

경마장 가족공원에 있는 원두막은 초가지붕으로 되어 있다. 바닥은 나무 널판으로 되어 있는데 그곳에 앉아 장만한 음식을 들면서 경마를 즐기면 시간 가는 줄을 모른다. 원두막 지붕 위에 매달린 올망졸망한 박을 보면 옛날 우리 집 초가지붕 위에 매달린 박들의 모습이 아롱거린다.

경마시장은 날이 갈수록 번창하고 있다. 순 우리 농산물만 취급하고 있어 많은 사람들이 이용한 덕분인가 한다. 집사람도 이곳을 자주 찾으며 어느새 단골손님이 되었다.

겨울을 보내며

오랜만에 초등학교 친구들 다섯이 서울대공원 호숫가를 걸어 국립현대미술관을 찾았다. 3월 초순인데도 찬바람이 뼛속 깊이 숨어든다. 푸른 하늘에는 솜털 같은 구름이 흘러간다. 청계산 숲속에서는 새들이 떼를 지어 날아다닌다. 허공 속을 빈 스카이라이프가 유영이라도 하듯 움직인다. 서울대공원은 언제 보아도 아름다운 모습이다.

미술의 문외한인 나는 아무 계획도 없이 친구 따라 국립현대미술관을 찾는다. 발길이 닿는 대로 가다가 흑백 사진을 걸어놓은 전시장으로 들어선다. 그곳에는 갓을 쓰고 있는 노인과 수건을 두른 노파의 모습이 전시되어 있다. 옛날 우리 사회의 어두운 단면을 보는 것 같아 마음이 쓸쓸하다. 풍상에 찌든 빛바랜 사진 속에서 조부님의 옛 모습이 떠오른다.

나의 조부님은 일찍이 할머니와 사별을 하고 5남 1녀의 자녀를 둔다. 해방되던 1945년 3월에 한 많은 인생을 마감하고 소천 하신다. 그 시절에는 밥술이나 먹는 사람들은 회갑을 지낸 사람들은 장수를 하였다고 하여 오일장 아니면 칠일장으로 장례를 지냈다. 할아버지도 다복하시고 장수를 하였다고 하여 친지들과 자손들이 오일장으로 모셨다.

미술관 복도를 나와 창문을 통해 본 산하는 한 폭의 동양화를 보는 듯하다. 오늘따라 관악산과 남태령고개가 유난히도 눈길을 끌어당긴다. 초등학교 시절 단골 메뉴로 관악산으로 소풍을 다닌 생각이 난다. 관악산은 경관이 빼어나지만, 유난히도 오늘따라 연주암과 칼바위가 그림같이 아름답다. 어린 시절, 관악산은 벌거숭이 민둥산이었는데 지금은 큰 바윗돌이 흉물스럽게 드러내고 있는 곳도 있지만 온 산이 울창한 숲으로 덥혀 있다. 관악산과 우면산 사이에 있는 남태령고개가 유난히도 선명하게 다가오는 하루다.

옛날에 남태령고개는 수목이 울창하고 후미진 곳이 많았다. 여우가 많이 출몰한다고 해서 일명 '여우고개'라 부르곤 하였다. '정조대왕'이 어느 날 수원 화성에 있는 사도세자의 능원에 행차하실 때 한 촌로에게 고개 이름이 무엇인가하고 질문을 하였다. 그때 그 노인은 남태령이라고 아뢰었다. 정조께서는 이 고개의 이름이 여우고개인데 어찌 거짓 이름을 대었느냐고 추궁을 하자 그 노인은 여우고개가 쌍스러운 것 같아 남태령고개라고 아뢰었다고 대답했다. 정조께선 촌로를 가상히 여겨 주지(周知)란 벼슬을 내리시면서 앞으로는 이 고개를 남태령고개라고 부르도록 하명하셨다. 그 촌로의 후손으로는 유일하게 나의 초등학교 동창생인 '변인기'가 최근까지 이곳 남태령 마을에서 살다가 새로운 삶을 찾아 인덕원으로 이사를 했는데 그 후 소식을 알 수 없다.

우리들은 미술관을 돌아본 후 대공원 길가에 있는 식당으로 들어가 식사를 하였다. 전에는 그렇게도 술을 좋아하고 즐기던 친구들이 꼭 지는 해와 갔다고나 할까. 오늘따라 술 한 잔 기울이는 사람이 없다.

우리들은 자주 대공원에서 만나 남은 인생을 보람 있게 보내고 건강을 다지자고 언약을 했다. 세월이 흐르다 보면 추운 겨울도 지나가고 만물이 약동하는 봄이 찾아올 것이다. 금년에는 삼재가 들었다고 조심을 하라고 한다. 과연 금년 한 해를 잘 보내게 될지 걱정을 하였다. 그런데 시월 말일경에 생각지도 않은 팔이 부러져 고생을 한다.

한순간의 실수가 고통을 안겨준다. 특히 노년기에는 한발 한발 옮기는 것도 조심해야 될 것 같다. 서둘지 말고 차분하게 사는 길만이 노후를 슬기롭고 순탄하게 보낼 수 있을 것이다.

감나무 아래서

가을이 소리 없이 저물어간다. 요즘 나의 생활은 하루 종일 다람쥐 쳇바퀴 돌 듯 단조로운 생활의 연속이다. 매일 아침 일찍 일어나 현관문을 나서면 고목이 다 된 감나무 한 그루가 제일 먼저 나를 반긴다.

감나무와 눈인사를 하고 대문을 나와 텅 빈 마을 안길을 걷다 보면 내 영혼과 육신이 티 없이 맑아진다. 가던 길을 멈추고 높고 푸른 하늘을 바라본다. 하얀 구름이 흘러가듯 내 인생도 정처 없이 흘러가는 것은 아닐까. 새털 같은 가벼운 마음으로 이 세상을 살아갈 수는 없을는지.

나에게는 사촌이 여러 명이 있다. 그중에서도 나보다 일곱 살이 많은 H라는 형님이 계시다. 그는 자기밖에 모르는 이기적인 사람이라고 주위에 있는 사람들은 말을 한다. 하지만 나에게는 늘 관대한 사람이다.

삼십 년 전 우리 고장에 경마장이 들어섰을 때 우리 마을에도 한창 재개발사업이 벌어졌다. 그 당시 나는 청계천에서 장사를 하고 있었는데 수시로 부도를 맞아 감히 집을 지을 엄두를 내지 못했다. 그때 사촌 형님의 물심양면 도움으로 집을 짓기 시작하였다. 집을 짓고 나서 기념수로 일 년 된 감나무 묘목 한 그루를 청계산 밑에 있는 청계마을에서 사다가 심어 주었다. 그 후 감나무와 오래도록 희로애락을 같이 하면서 근 삼십 년을 살아왔다.

사촌 형은 오래전에 저세상으로 갔지만, 감나무에서 딴 홍시를 먹을 때마다 생전에 그의 모습이 떠오른다. 다른 집 홍시는 크고 탐스러운데 우리 집 홍시는 유난히도 작고 볼품이 없다. 하지만 한 번 맛을 본 사람들은 달콤하다고 칭찬을 아끼지 않는다. 금년 가을에는 감나무도 마지막이라는 것을 알고 있었는지 소독을 하지 않았는데도 많은 홍시가 주렁주렁 매달린다. 사촌 형님이 살아 계셨으면 맛있게 홍시를 잡수셨을 텐데. 하는 아쉬운 생각이 든다.

나목이 된 감나무는 도를 닦은 수도승 같다. 어린아이처럼 연약하고 가냘픈 묘목이 어느새 자라 노년기의 접어들어 중후한 멋을 풍긴다. 그는 '무언의 철학자'인가. 주어진 길을 숙명처럼 잘도 걷는다.

우리 마을은 하루가 다르게 변화한다. 골목마다 현대식 건물이 들어선다. 우리 집은 지은 지가 삼십 년이 된다. 그러함에도 집을 새로 지으려고 한다. 집을 짓기 시작하면 추억의 때가 구석구석 묻은 집도, 매년 홍시를 따먹던 감나무도, 모두 우리 곁을 떠나리라고 본다. 고목이 되어가는 감나무를 볼 적마다 '팔십 대는 날마다 늙고, 구십 대는 시간마다 늙는다.'는 말이 떠오른다. 지상에 있는 모든 만물은 잠시도 머물지 않고 늘 움직인다. 이것이 자연의 현상이다. 나도 언젠가는 지상에서 영원히 사라지리라.

집을 지을 당시만 해도 아버지는 잔병치레 없이 늘 감나무 밑에서 부채질을 하면서 하루를 보내셨다. 감꽃이 떨어지면 지팡이를 짚고 빗자

루로 쓸곤 하셨는데 무명 베옷 한 벌만 달랑 입으시고 왜 저세상으로 가셨는지…. 오늘도 감꽃은 떨어져 쌓여만 가는데 임자 없는 빗자루와 지팡이는 현관에서 낮잠만 잔다.

겨울철이 돌아오면 감나무는 벌거벗은 나목이 되어 모진 삼동의 칼바람과 맞서 봄을 기다리다가 여름철이 돌아오면 새들이 날아와 지저귀고, 무성한 나뭇잎은 바람이 불 때마다 펄럭인다. 풍성한 가을철이 돌아오면 나뭇가지마다 홍시를 주렁주렁 매달고 사방으로 뻗어 나간다.

감나무도 이별이 다가와서일까. 요즘 와서는 임종을 앞둔 노인처럼 쓸쓸해 보인다. 덩달아 내 가슴도 뻥 뚫린 것 같다.

감꽃이 피는 여름철이 돌아오면 푸른 잎으로 몸치장을 한다. 때로는 시샘이라도 하듯이 잎을 갉아 먹는 분충(糞蟲)들이 모여들어 극성을 부리기도 한다. 이로 인하여 잎이 병이 들고 낙과가 되어 홍시 하나도 따지 못하는 해도 있다. 하지만 다음 해는 해갈이를 해가며 가지마다 많은 홍시가 주렁주렁 매달린다.

감나무 잎이 무성해지면 우리 집안도 활기를 띠기 시작한다. 매미도 목청껏 울어댄다. 들고양이도 모이를 찾아 감나무 그늘 밑에서 어슬렁거린다. 집을 새로 지으면 그런 정경 다시 볼 수 있을까. 달콤한 홍시 맛, 어디서 맛볼 수 있을는지.

가족사진 한 장

가깝게 지내는 이웃이 멀리 있는 사촌보다 낫다고 한다. 그동안 한평생을 살아오는 동안 행복했던 일, 즐거웠던 일, 슬프고 불행했던 일이 수도 없이 많이 일어났다. 그런 가운데서도 여러 사람들한테 많은 신세를 지고 도움을 받아 오늘에 이른 것 같다.

세상은 잠시도 머물지 않고 계속 움직인다. 요즘 눈코 뜰 새 없이 살아가고 있는 젊은 세대들은 직장 따라 거의가 핵가족을 이루면서 살아간다. 물질이 풍족하고 좋은 환경 속에서 행복하고 풍요롭게 살고 있지만, 부모와 자식 간에 소통이 잘 이루어지지 않는 것이 큰 흠이라면 흠이다. 너무나도 개인주의로 흐르고 독선적으로 빠져드는 것은 아닌지 많은 것을 생각하게 한다.

몇 년 전만 해도 회갑연을 식당에서 하였는데 수명이 늘어나서인지 요즘은 회갑 잔치를 하는 사람이 거의 없는 걸로 기억된다. 단지 생일이 돌아오면 식당에서 가족들과 조촐하게 치르는 것이 요즘 세태다. 삼사십 년 전만 해도 우리 마을에서는 밥술이나 먹는 집은 이웃과 친척을 모시고 생일잔치를 했다. 아버지 생신날에도 남자분들은 아침에 초청을 하고 부인네들은 점심때 모시고 생일잔치를 하였다.

이날은 집에서 기르는 개도 먹을거리가 많아서인지 신이 나서 뛰어다녔다. 지금은 살기가 좋고 풍요로운 세상에서 살고 있지만, 그 당시는 살기가 어렵고 먹을거리가 없어 늘 허기진 배를 움켜쥐고 살았다. 하지만 이웃과는 정이 두터워 콩 하나라도 나눠 먹으면서 지냈다.

오십여 년 전 아버지 회갑을 차리기 위하여 며칠 전부터 이웃과 이웃 마을 사람들이 찾아와서 음식 준비를 했다. 대추, 밤, 사과, 배, 감 등등 과일들과 약식, 떡을 한자씩 괴였다. 그런데 잣하고 은행을 가지고는 특별히 꽃무늬와 수복(壽福)이라는 글자를 넣어가며 잔칫상을 차렸다.

회갑 일이 돌아오자 이른 아침부터 많은 사람들이 찾아왔다. 이번 일은 장남인 내가 도맡아서 하고 신경을 써야 되는데 상상외로 주위 사람들의 많은 도움을 받았다. 또한 친구들은 강남에서 땅 바람이 불어와 주머니가 두둑해서인지 하늘 높은 줄 모르고 국악원에서 가수들을 데리고 와서 잔치 마당을 들뜨게 하였다.

부모님께 내 부부와 형제자매들, 그리고 사촌들 내외가 가수들이 추임새를 넣어가며 부르는 권주가에 따라 잔을 올렸다. 마당 한 편에서는 많은 사람들이 신들린 사람들처럼 신명 나게 노래를 불렀다. 군수님이 우리 지방 시찰을 나왔다가 면장님과 함께 오셔서 자리를 더욱 빛나게 했다. 마을 사람들은 마치 내가 군수님을 초대한 걸로 알고 있다. 지금은 지자체가 되어 시장이 마을을 방문하고 주민들과 소통을 하는 것은 당연하지만, 그 당시만 해도 군수님이 지방 방문을 하는 것은 쉬운 일이 아니었다.

아버지는 한국전쟁 당시 1·4후퇴 때 국민병으로 차출되어 제주도로 갔다. 남은 식구들은 중공군이 오면 대창으로 찔러 죽인다고 해서 어머니를 따라 정처 없이 피란길에 올랐다. 피란을 가다 보니 화성 뒷배라는 곳에서 진격하고 있는 중공군과 마주쳤다. 그들과 섞여서 피란을 가다가 보니 적 치하에서 더 이상 피란을 갈 명분이 없어져 버렸다. 갈 곳이 마땅치 않아 다시 집으로 돌아오는데 초등학교 6학년이었던 나는 비행기에서 쏜 총알을 어깨에 맞고 큰길 위에 쓰러졌다. 얼마나 시간이 흘렀는지는 몰라도 의식이 깨어나 일어나보니 그 많은 사람들은 어디로 갔는지 보이지 않고 어머니 혼자만 보따리를 이고 내 앞에 서 있다. 어머니의 부축을 받고 마을로 들어왔는데 죽지 않고 살 운명인지 한 노인이 이불솜을 뜯어서 피가 흐르는 상처에다 넣어 주었다.

갖은 풍파를 겪으면서 험난한 세상에서 사시다 아버지는 77세인 겨울, 어머니는 74세인 오월, 팔십을 넘기지 못하고 소천 하셨다. 두 분 다 일제 치하에서 태어나 갖은 고초를 겪으면서 살아오다가 해방이 된 후에는 기쁨도 잠시일 뿐 예기치 않은 한국전쟁이 터져 죽을 고생을 하셨다.

그 후 태산보다도 더 높은 보릿고개를 맞아 초근목피로 연명을 했다. 지금은 거의가 핵가족을 이루고 살고 있지만, 그 시절에는 대가족을 이루면서 삼대가 한 지붕 밑에서 살았다. 인명은 재천이라고 하지만 부모님은 건강을 챙기시고 영양가 있는 음식을 고루 드셨더라면 좋은 세상에서 좀 더 사시다 가시지 않았겠나 하는 아쉬운 생각이 든다.

세월이 흐르다 보니 주위에 있는 사람들이 많이 이 세상을 떠났으며 남은 형제들마저 사방으로 흩어져서 산다. 요즘 와서는 형제들을 일 년에 한 번 만나기도 어렵다. 단지 아버지 회갑 잔치 때 찍은 가족사진 한 장만 덩그러니 남아 있어 그때 그 시절을 가끔 생각을 하며 지낸다.

호숫가의 두 여인

등산 동호인들과 백마고지를 가는 길에 산정호수에 들렀다. 오늘따라 바람 한 점 없는 산정호수는 파란 하늘이 비치는 거울이요, 열두 살 난 소녀의 티 없이 맑은 얼굴이다.

수면 위에는 청정한 물이 유월의 햇빛을 받아 잔물결을 친다. 거울같이 맑은 물속에서는 물고기들이 떼를 지어 다닌다. 숲속에서 새들이 날아와 호수 주위로 모여든다. 호수 자체가 한 편의 시요 풍경화다. 수차례 산정호수를 찾아왔지만, 오늘같이 호숫물이 청정하고 아름답게 비치는 것은 내 생전 처음 있는 일이다.

몇 년 전에 초등학교 동창들과 산정호수로 여행을 온 적이 있었다. 동창들 몇이 우연하게 소그룹을 이루어 호수 둘레길을 걷게 되었다. 일행 중에 K라고 부르는 여자 동창이 있었는데 그녀는 유복한 가정에서 자라 J 여고를 나온 재원이었다. 처음으로 동창회에 나와 이번 여행길에 올랐다. 자기는 아들은 분가시키고 남편하고는 사별을 하여 혼자 살고 있는데 산정호수 둘레길을 걷고 있는 동창들을 보니 초등학교 시절이 그리워진다고 하였다.

초등학교 6학년 때 한국전쟁이 발발했다. 이때 학교가 불에 타 마지막 수업을 과천향교 명륜당에서 하였다. 책상도 없는 명륜당 마룻바닥에는 번데기만 한 빈대가 들끓는 가운데서 공부를 하였다. 수업이 끝나면 향교 앞으로 흐르는 개울물에서 가재도 잡고 물고기를 잡던 일들이 잊히지가 않는다. 그 당시는 전쟁 중이라 거의가 먹을 것이 없어 늘 힘들게 살았다. 세월이 흐르다 보니 지금은 좋은 환경 속에서 선진국 대열에 끼어 뭐 하나 부러움이 없이 풍족한 세상에서 살면서도 불평불만이 끊이지 않는다.

코흘리개였던 그 친구들 중에는 세상을 뜬 사람도 있으며 요양원에서 병마에 시달리는 친구도 있다. 그런데 우리들은 건강한 몸으로 호수 둘레길을 걸으면서 여행을 즐기고 있으니 얼마나 복 받는 인생인지 모르겠다고 하면서 K는 호숫물같이 맑게 웃는다. 여행은 항상 즐거움과 행복감을 안겨준다. 우리는 지금 풍요로운 시대에 산다. 남은 인생을 자손들에게 짐이 되지 않고 건전하게 살아갈 수는 없는지 많은 것을 생각하게 한다.

얼마 전에 고등학교 동창들 십여 명이 H 여사 일행들과 동승하여 산정호수로 여행을 왔다. 그때 우연찮게 H 여사가 사회를 보며 기발한 놀이게임을 만들어, 처음 보는 여인들과 술래잡기를 하면서 노래를 부르게도 하고 벌금도 내게 하며 즐거운 시간을 보냈다.

종로에서 한의원을 하는 A라는 친구한테서 점심이나 같이하자고 하는 전화가 왔다. 종로에서 식사를 할 줄 알았는데 H 여사가 나를 만나고 싶다고 해서 그녀가 운영하는 아신에 있는 평양 냉면집으로 갔다.

가는 날이 장날이라고 그녀는 출타 중이다. 소주를 홀짝거리면서 그녀가 오기만을 기다리고 있는데, 무엇이 그리 바쁜지 곧 온다는 사람이 저녁이 되어서야 돌아왔다. 오늘이 마침 그녀가 소속되어 있는 독서회 모임이 있는 날이라고 한다. H 여사의 끈질긴 권유로 A와 나는 좀 늦은 시간이지만 독서회에 참석했다.

독서회 회원은 10여 명이 된다. 아신에 만 있는 게 아니고 양평 곳곳에 흩어져 산다. 이들 회원들은 매달 한 번씩 만나 순번제로 돌아가면서 회원들의 집에서 저녁 식사를 한 후 독후감을 갖는다고 한다.

H 여사와 함께 아담한 전원주택을 방문하였을 때 회원 10여 명이 보리밥에 상추쌈을 놓고 식사를 한다. 처음 보는 사람들이라 처음에는 서먹서먹하고 어색하였지만, 시간이 흐를수록 H 여사의 재치 있는 유머로 오래된 친구처럼 곧 친숙해졌다.

전에 내가 쓴『고목에 돋은 새순』수필집을 H 여사에게 보낸 적이 있는데 회원들이 돌아가면서 읽은 후 독후감을 가졌던 일이 있었다고 한다. H 여사는『고목에 돋은 새순』수필집을 들고 이 책의 저자가 바로 이 사람이라고 하며 나를 일행에게 소개를 한다.

밤이 깊도록 문학에 대한 열띤 토론을 하다 보니 어느새 밤이 깊어졌다. 우리는 낙엽이 지는 시월에 산정호수를 다시 찾기로 하고 A와 나는 한 여자 회원의 차로 전철역까지 와서 귀갓길에 올랐다.

우리 집 안마당

내 어린 시절 어머니는 바쁜 일상생활 중에서도 안마당에다 화단을 만들어 놓고 화초들을 가꾸는 것을 매우 즐거워하셨다. 무더운 여름철이 돌아오면 화단에는 어머니가 심어놓은 백합꽃, 함박꽃, 봉선화꽃 등등 많은 화초들이 서로 시샘이라도 하듯이 바람에 팔랑이곤 하였다.

매년 여름철이 돌아오면 어머니가 뒤란에다 심어놓은 포도나무가 실하게 자랐다. 봄이 돌아오면 농사일을 준비하느라고 늘 바쁘게 살아가면서도 포도나무에 거름을 듬뿍 주고 가지마다 잘 뻗어 나갈 수 있도록 지주대를 세워놓고 철삿줄을 매어주었다. 무더운 삼복이 돌아오면 잎은 무성하게 자라 많은 포도송이들이 가지마다 주렁주렁 매달렸다. 아마 어머니는 화사하게 피어있는 화초와 싱그러운 포도나무를 바라보며 고달픈 삶을 달래지 않았나 한다. 이렇게 어머니의 추억이 깃들고 때가 묻었든 집을 헐고 경마장이 들어오던 1980년대에 재개발 사업의 일환으로 새로 집을 지였다.

집사람은 어머니가 살아생전 애지중지하던 화단을 없애 버리고 그 자리에 감나무, 대추나무, 자두나무 등 유실수를 심었다. 매년 네 그루 감나무에서는 반시, 대봉, 단감이 열리는데 어느 해는 많이 열리고 어느 해는 해거리를 하며 다 떨어지기도 했다.

봄이 오자 아내는 유실수에는 닭똥이 제일 좋다고 하면서 어디서 구해왔는지 나무마다 한 포씩 듬뿍 준다. 이렇게 우리 부부가 유실수를 심고 가꾸고 있지만, 옛날의 어머니가 화단에서 가꾸던 줄기가 가느다랗고 연약한 화초들이 왜 마음속에서 지워지지 않는지…. 그 속에 어머니의 그윽한 사랑과 가정을 꽃같이 아름답게 꾸미고 싶어 하는 열망이 담겨져 있지 않았나 한다. 가을이 돌아와 붉게 익은 홍시를 보면 왜 어머니와 화단이 한없이 그리워지기만 할까.

성하의 계절답게 여름철이 돌아오면 감나무들은 풋풋한 감을 키우느라고 안간힘을 쓴다. 마당 한 귀퉁이에 사과나무를 심어 봤는데 겨울을 나기 전에 다 얼어 죽었다. 생각다 못해 척박한 땅에서도 잘 자라는 대추나무를 심었다. 다행스럽게도 아무 탈 없이 잘 자라고 있다. 금년에는 신기하게도 그 작은 나무에서 메추리알만 한 대추가 가지마다 주렁주렁 매달렸다.

자두나무도 예상외로 잘 자라 큰 가지가 줄기차게 뻗어 나가더니 넓은 울안을 가득 채웠다. 자두나무는 무더운 여름철이 돌아오면 집안을 푸른색으로 덧칠을 하고 뜰 안을 짙게 그늘이 지게 한다. 마치 온 집안이 한 폭의 파스텔화를 그려놓은 것 같다.

매년 봄이 돌아오면 집사람은 안마당 한쪽에 두 평 남짓한 텃밭을 만든다. 그리고 그곳에다 소꿉장난이라도 하듯이 머위, 돌나물, 고추, 토마토 모를 심는다. 그중에서도 고추를 꽃 가꾸듯이 가꾸면서 매 끼니 때마다 따다 먹는다.

지난해에는 청양고추를 심었는데 금년에는 어디서 구해왔는지 맵지 않은 아삭이고추를 여러 포기를 심었다. 지주대를 새워놓고 가물면 물을 주면서 키웠더니 고추가 병치레를 하지 않고 실하게 자라고 있다. 그렇게 정성을 기울이면서 가꾸어도 전문가가 키운 것이 아니어서인지 다른 집 고추같이 많이 열리지를 않는다.

토마토는 특히 건강에 좋다고 해서 여러 포기를 심었는데 매일 아침 일찍 일어나 잘 익은 토마토 하나씩 따서 먹는다. 틈이 나는 대로 토마토 곁순을 따주고 물을 자주 주워서인지 토마토도 예상외로 잘 자라 주먹만 한 토마토가 늘 주렁주렁 매달려 있다.

어머니는 안마당에다 화단을 만들어 꽃을 가꾸는 것을 좋아하셨는데 아내는 꽃보다는 유실수와 소채류를 심어서 키우는 것을 매우 좋아한다. 오늘도 우리 집 안마당에서는 고추와 토마토가 서로 시샘이라도 하듯이 잘 자란다. 따면 열리고 또 따면 열리면서 효자 노릇을 톡톡히 한다.

가을이 되면 감과 대추도, 붉게 익어 효자 노릇을 할 텐데 생각만 해도 가을이 눈앞에서 어른거린다.

물의 정원

바우지움 조각미술관에 전시된 조각품을 보러 간다. 사월인데도 여름철 못지않게 더위가 기승을 부린다. 옷을 가볍게 입고 여름 모자를 쓰고 나선다. 모자를 쓴 모습을 보고 한 문인이 멋이 있다고 엄지손가락을 쳐든다.

여행은 언제나 즐겁고 행복감을 안겨 준다. 목적지인 바우지움 조각미술관을 찾아가는 기쁨으로 회원들은 화기애애하다. 차에 오른 회원들은 각자 자기소개를 하면서 준비해 온 김밥으로 아침 식사를 든다.

설악비치 캠핑장에 도착했다. 12시가 되어간다. 30분간 머물면서 푸른 바다를 배경으로 과천문인협회 문학기행이라는 플래카드를 들고 단체 사진을 찍는다. 이곳에는 많은 관광객들이 모래사장을 걷고 다양한 포즈를 취해 가며 사진을 담는다. 이들의 모습을 바라보는 것이 즐거움이고 행복이다.

여행객들이 스마트폰을 여기저기서 터트린다. 사진을 찍는 모습이 꼭 천진난만한 어린이들 같다. 낭만적인 분위기가 있는 바닷가는 갈매기가 날아야 제격이다. 오늘따라 갈매기가 보이지 않는다. 웬일인지 마음 한 쪽이 무너지는 것 같고 공허하고 씁쓸하다.

한 테이블에 네 명씩 앉아 점심을 든다. 메뉴는 막걸리와 이 고장 자랑거리인 곤드레 비빔밥이다. 찬은 가짓수가 몇 개 안 되지만 정성이 깃들어 있고 정갈하다, 식사를 마친 회원들은 식당 앞에 모여 담소를 나누기도 하고 사진을 찍기도 한다. 고성군에 자리 잡은 바우지움 조각미술관으로 이동한다. 미술관 입구에는 진달래꽃이 화사하다. 아무리 악한 사람이라도 꽃을 보면 선해질 것이다. 꽃은 행복이요 평화를 상징한다.

김명숙 관장의 안내를 받으며 장인 정신이 깃들어 있는 조각품 하나하나를 들여다본다. 나는 조각에 대해 문외한이다. 아무리 관장님이 설명을 해도 머릿속에 남아 있는 것은 오직 '물의 정원'뿐이다. 물에 비친 하늘과 나무들이 환상적이다. 물속을 들여다보면 울산바위가 아름답게 모습을 드러낸다. 이곳을 두 연인이 팔짱을 끼고 걷는다. 어린이를 데리고 부부가 서성거리는 모습은 환상적이다. 단체로 온 관광객들도 보인다.

섬세한 조각품을 완성하는데 장인들이 얼마나 많은 땀 흘렸으며 시간 보냈을까. 바우지움 아트 스페이스 앞, 물의 정원 위에 펼쳐진 물결이 한없이 곱고 맑다.

안정모 치과 원장과 김명숙 조각가인 부부가 바우지움 조각미술관을 설립했다. 한 번 왔다 가는 인생 나도 이런 뜻깊은 일을 할 수 있을까. 미술관 A관은 현대 조각관, B관은 김명숙 조형관, C관은 특별 전시관, 3개 동으로 나누어졌다. 조각품 하나하나 무한한 상상력과 구상력이 서려 있다. 많은 조각품들마다 장인 정신이 깃들어있고 조각가들의 피와 땀으로 이루어졌다. 그 속에서 신선한 생명력이 꿈틀거리는 것 같다.

정원에는 미술관을 가운데 놓고 물, 소나무, 돌, 잔디 등이 한데 어우러져 사람들의 발길을 기다린다. 생활관, 카페바우, 부속 건물도 단아하다. 하나의 조각품같이 단장을 했다. 바우지움의 바우(Bau)는 바위의 강원도 사투리다. 바우(Bau) 뒤에 건물을 뜻하는 지움(Zium)을 붙였다. 이것을 합쳐 부른 것이 바우지움 조각미술관이다. 이 건축물의 주요 재료가 바위를 부순 자갈조각들이다. 전시된 작품도 주로 돌을 소재로 한 것이 많다. 성찰의 시간은 지나가고 이제 김명숙 관장과 헤어질 시간이 다가왔다.

김명숙 관장은 대학에서 조소를 전공한 조각가다. 조각에 대한 이해와 애착이 남다르게 깊다. 근현대 조각 작품을 꾸준히 수집하여 바우지움 조각미술관에 전시하고 있다. 나는 모든 문학 기행 일정을 마치고 마지막으로 맑은 물이 찰랑거리는 물의 정원을 한 번 더 돌아보고 귀갓길에 오른다.

유월이 오면

들길을 따라 걷는다. 언제 걸어도 이 길은 쓸쓸하기만 하다. 꼭 고독한 인생길을 걷는 기분이다. 아무 생각 없이 무상무념에 젖어 길을 걷다 보면, 금쪽같은 지난날의 시간들을 왜 물 흐르듯 흘려버리고 좀 더 값지게 보내지 못하였나 하는 자책감이 나를 한없이 괴롭힌다.

만물이 약동하고 초록 물결로 출렁거리는 유월을 나는 좋아한다. 유월은 뜨거운 햇살이 숲을 적시고 바람이 숲을 흔들어댄다. 유월은 민주항쟁을 하던 역사적인 달이기도 하지만, 온 국민을 비탄 속으로 몰아넣은 6 · 25가 터진 비극적인 달이기도 하다.

동이 트기 시작한다. 희망이 넘쳐흐르고 성스러운 하루가 열린다. 나는 광창마을에서 '철쭉 농원'으로 이사를 온 후 새벽이면 늘 집을 나와 산책길에 나선다. 집을 나와 길을 걷다 보면 앞으로 남은 인생을 어떻게 보내는 것이 가장 값지고 적절한지 갖은 사념에 젖어 든다.

언덕배기를 향해 걷다 보면 윤 씨네 작은 배밭이 나오고, 맞은편에 오

씨네 큰 농장이 나온다. 조금 가다 보면 빛을 차단하는 검은색 비닐을 두른 김 씨네 비닐하우스가 나온다. 그의 집 앞에는 중국교포인 그의 부인이 타고 다니는 승용차와 김 씨가 타고 다니는 검은색 지프차가 서 있다.

언덕배기에 올라 앞을 바라보면 넓은 '아레카야자' 밭이 녹색의 물결을 이루며 펼쳐져 있다. 바른쪽에는 청계산이 우뚝 솟아 있고, 왼쪽에는 우면산 밑에 고층 아파트가 층층이 들어서 있다. 뒤를 돌아다보면 정다운 관악산이 과천시가지를 내려다보고 있으며, 하늘에는 하현달이 외기러기같이 희미하게 떠 있다. 이곳에 머물며 경직된 몸을 풀고 맨손체조를 하다 보면 어느새 동녘 하늘에서 붉은 해가 솟아오르기 시작한다.

풀숲을 헤쳐 가며 밭둑을 걷는다. 어디선가 전설 속에서 들려오는 듯한 '꼬끼오' 하며 닭 우는 소리가 들려온다. 먼동이 트기 시작하면 들판을 가득 메운 온갖 나무와 잡초들이 잠에서 깨어나 하루를 연다.

초록 물결이 넘실대는 유월이 오면 지난날의 추억들이 푸른 물결로 일렁인다. 철없던 어린 시절 부모님 슬하에서 형제자매들과 같이 지낸 그 시절 다시 올 수는 없을까.

늦은 밤, 온 가족이 마당 한 귀퉁이에다 모깃불을 피워놓고 옥수수와 감자를 먹으며 밤새는 줄 모르고 보낸 일들이 마냥 그리워진다. 하늘에 떠 있는 별을 쳐다보며 '별 하나 나 하나, 별 둘 나 둘, 별 셋 나 셋' 하며 끝이 없이 이웃집 착한이 누이와 별을 세어가며 지내던 일들이 왜 떠오르는지….

착한이 누이는 내 누님과 둘도 없는 친구이다. 그녀의 집은 우리 집하고는 울타리 하나 사이이다. 그녀는 이름 그대로 성품이 착하고 눈이 큰 소녀였다. 언제나 아름답고 낙천적인 착한이 누이와 멍석 위에 누워 별이 총총히 박혀 있는 높고 푸른 하늘을 쳐다보며 끝이 없는 이야기를 나누다 보면 어느새 무심한 달은 서쪽 하늘에 기울어있고 밤은 깊어만 간다.

유월이 가고 소서(小暑)가 찾아오면 무더운 더위가 시작되고 불청객인 대서(大暑)가 불볕더위를 앞세워 찾아든다. 오륙십 년 전만 해도 부잣집과 특수층을 제외하고는 온 국민이 냉장고는 물론 선풍기조차 없이 지낸다. 더위가 극성을 부리기 시작하면 더위에 지쳐 특히 아녀자들은 뒤란에 숨어서 목물을 하며 긴 여름밤을 보냈다.

나는 삼복더위가 찾아들면 냇가에서 우리 마을 친구들과 같이 미역을 감으면서 대부분의 시간을 보낸 것 같다. 지금은 그 친구들 대부분이 이 세상을 떠났지만, 그 아이들과 어울려 가며 긴 무더운 여름날을 천렵을 하며 보낸 추억들이 가끔 떠오르곤 한다.

나는 여름날 내내 아이들과 어울려 다니며 딱지치기와 구슬치기를 하면서 지낸 것 같다. 왜 귀중한 시간을 소중하게 보내지 않고 허송하였는지, 부모님이 요즘 젊은 어머니들같이 깊은 관심을 가지고 교육을 시켰더라면 내 인생도 많이 달라지지 않았을까 하는 아쉬운 생각이 들 때가 있다. 다 지나간 옛일이 되었지만, 그래도 그때 그 어린 시절이 마냥 그리워지는 것은 왠일일까.

아! 유월이 오면 '초록 물결 속'에 파묻혀 지난날을 회상하며 글을 읽고 쓰면서 남은 세월을 보내면 얼마나 좋을까.

올곧은 나무

'아름다운 갤러리'는 묘목과 유실수를 주종으로 취급하는 전시장이다. 주위에는 이와 유사한 점포들이 줄을 이어있다. 이 길을 걸을 때마다 인사동 화방들이 좁은 거리에 빽빽이 들어서 있는 모습들이 떠오른다. 화방에서 풍기는 향기같이 아름다운 갤러리에 머물고 있을 때마다 묘목과 나뭇잎에서 우러나오는 초록의 향기가 코를 간질인다. 온갖 벌과 새들이 찾아드는 이곳 전시장이 지상의 낙원이라는 생각이 든다.

나무는 고고한 선비요, 깊은 산중에서 도를 닦는 수도승이다. 그런데 우리 인간은 치열한 경쟁 사회에서 실타래같이 얽히고설키면서 살아간다. 모든 것을 포용하며 올곧게 살고 있는 나무같이 우리 인간도 살 수는 없을까.

아름다움을 아름답게 느끼지 못하고 즐거움을 즐겁게 받아들이지 못하는 사람은 치매 환자같이 가장 불행한 사람이다. 유실수 가지와 나뭇가지들의 붙어있는 초록색 잎들이 나의 마음을 정화시켜주고 달콤한 꿈을 안겨준다. 아무리 악한 사람이라도 이곳에 머물면 부처님이나 성모 마리아상같이 성스러운 선한 사람이 되리라고 본다.

이 사회가 별같이 반짝이며 희망을 안겨 주고 맑은 사회가 되었으면 얼마나 좋을까. 정치인들이 의사당 콘크리트벽에 갇혀 선진정치를 내세우며 의안 하나 제대로 처리하지 못한다면, 우거진 숲과 꽃이 활짝 핀 자연 속으로 돌아와 국사를 논의한다면 얼마나 좋을까. 아마 과격한 마음이 한결 순화되고 정화되리라고 본다. 정의로운 마음으로 정치를 한다면 광화문에 상주하고 있는 데모대들이 설 자리를 잃게 될 것이다.

우리 인생은 제행무상이요 공수래공수거다. 그런데 사람이 사는 곳에는 과욕 때문인지 개들이 뼈다귀 하나를 놓고 서로 먼저 차지하려고 으르렁대듯이 언제나 조용한 날이 없다. 하늘을 향해 우뚝 서 있는 나무는 욕심도 없고 늘 말이 없다. 그들은 세파에 찌든 인간들의 마음을 정화시켜주고 생명을 보듬어 준다.

나는 유실수 중에서도 조생 왕자두나무를 유별나게 좋아한다. 자두 맛은 언제 먹어도 사과 맛과 같이 상큼하다. 또한 박토에서도 생명력이 강한 왕대추나무를 사랑한다. 이 나뭇가지에 매달린 대추가 어린아이 주먹만 하면서도 재래종 못지않게 맛이 달다. 기개와 절개가 고고하고 곧은 선비의 표상인 소나무를 보면 마음이 편안해진다. 묘목으로부터 품격 있는 소나무로 성장하는 모습을 상상만 해도 마음이 즐겁다. 소나무를 바라보면 '세한도'가 떠오르고 가슴이 한없이 설렌다.

과천시 주암동은 일부 주택을 빼놓고 대부분이 그린벨트로 묶여 있지만 공기가 깨끗하고 맑은 전형적인 전원 마을이다. 이곳에서 '아름다운 갤러리'를 운영하는 사람은 J 여사다. 전시장과 묘목장을 관리하는 사람은 G이다. 이들은 딸 하나를 둔 잉꼬부부다. 인터넷을 통해 거미줄같이 전국적으로 판매망을 넓혀가면서 사업을 확장하고 있는 정열적인 경영인이다.

이 갤러리 전시장은 일년생 나무 묘목을 비롯하여 다년생 조경수, 유실수, 특용수, 관목류, 약용수 등등을 전문적으로 전시 판매하고 있다. 경영이념으로는 품질을 최우선시한다. J 여사는 나무를 통해 인간을 새롭게 창조하는 예술인이다.

나약한 여자의 몸으로 묘목을 길러 전국적으로 판매하고 있는 그녀의 힘은 어디서 나올까. 대화를 나누다 보면 육십이 되었는데도 10대 소녀같이 청순미가 흐른다. 그녀는 물 흐르듯 자연과 더불어 살아가는 진정한 자연인이며 중후한 인생의 길을 걷고 있는 여인이다. 시립산업대학을 나온 재원인데, 가장 힘이 들고 살기가 어려운 시기에 이 직업을 선택했다고 한다.

사람의 본성은 근본적으로 선하다는 성선설이 있다. 대표적인 학자는 맹자이다. 맹자는 등문공상(滕文公上)에서 사람의 본성이 선하다는 것을 말할 때마다 요순(堯舜)을 거론하였다. 아름다운 갤러리에 전시된 묘목과 나무를 통해 인간을 선하고 착하게 해주는 J 여사의 삶이 바로 올곧은 나무가 아닐까.

여름날의 단상

개

집을 나와 버스를 타러 간다. 온 산과 들이 초록 물결로 출렁거린다. 37~38도를 오르내리는 무더위가 연일 기승을 부린다. 철삿줄에 매여 있는 개 한 마리가 골목을 지키고 있다가 길을 걷고 있는 나를 보고 짖어댄다.

자기를 이 지경으로 만든 인간들의 소행을 규탄하는 소리인지, 자기의 처지를 하소연하는 소리인지, 마음을 아프게 한다. 개 눈에는 뭐만 보인다고 제 딴에는 내가 도둑으로 보이는지 이 골목을 지날 때마다 사납게 짖는다. 사람들은 더위를 피해 산과 바다로 피서를 가는데 죄 없는 개를 하루 종일 쇠사슬에 묶어 놓고도 아무런 죄의식을 느끼지 못하고 살아간다면 얼마나 슬프고 잔인한 일이겠는가.

길을 걷다가도 쇠사슬에 묶여 있는 개를 생각하면 마음이 아프고 쓸쓸하다. 감옥에 갇혀 있는 죄수들은 죄를 지었기에 영어(囹圄)의 몸이 되었지만, 죄 없는 저 개는 왜 쇠사슬에 묶여있어야만 되는지…. 죄를 진 사람은 언젠가는 자유의 몸이 되겠지만, 저 개는 언제쯤 쇠사슬에서 벗어날 수 있을까. 동물들이 사람들에게 말하고 싶어 하는 것이 확연히 있을 텐데 의사가 소통이 안 되니 안타깝고 답답하다.

개는 수천 년 동안 오늘에 이르기까지 우리 인간과 동고동락(同苦同樂)을 하면서 살아왔다. 충견으로서 주인을 끔찍이 섬기면서 따랐다. 또한 우리 인간과 한 가족을 이루면서 많은 일화를 남겼다. 가족과 산책하던 중 10일 동안 실종된 조은누리(14세)양을 청주 무심천 근처에서 찾아낸 것도 군 수색견 '달관이'이었다.

전에 집에서 개를 기른 적이 있었는데 외출하고 집에 돌아오면 늘 꼬리를 흔들면서 나를 따라다녔다. 이런 개가 어느 날 보신용으로 팔려 가는 모습을 보고 나는 큰 충격을 받았다. 끌려가지 않으려고 발버둥 치던 모습과 살려달라고 애원하던 눈빛이 나를 늘 괴롭혔다. 왜 그때 나는 사지로 끌려가는 개를 제지하지 못하고 외면해 버렸는지, 그때를 생각하면 야멸차고 비정한 나 자신이 한없이 싫어진다.

그 이후로는 우리 집에서는 개를 기르지 않는다. 인간같이 이기적이고 잔인한 동물은 이 지구상에 없을 것이다. 이 지상에 있는 모든 사물을 자비로운 마음으로 바라보면서 살아간다면 이 세상은 낙원이 될 것이고 나 자신도 행복해질 것이다. 우리 인간은 때에 따라서는 악한 일도 많이 하지만 의외로 인류를 위해 봉사하면서 한평생을 살아가는 훌륭한 사람도 많이 있다.

나는 박애주의자도 동물애호가도 아니지만, 힘없이 살아가는 외로운 동물들을 뚜렷한 이유도 없이 괴롭히고 혹사시키는 것은 하나의 범죄요

살인행위라는 생각이 든다.

길고양이

비포장길을 걷다 보니 개울가 푸른 숲속에서 비쩍 마른 길고양이 한 마리가 먹이를 찾아 헤맨다. 나와 부닥치자 혹시 자기를 해코지하지 않을까 하는 두려움 때문인지 도망을 친다.

그놈은 왜 나를 보고 도망을 쳤을까. 자라 보고 놀란 가슴 솥뚜껑 보고 놀란다고 혹시 사람들에게서 큰 피해와 심한 고통을 받았는지 안쓰럽고 측은한 생각이 든다. 나의 삶도 고양이 못지않게 늘 불안하고 고독하게 살아가는 것은 아닌지. 시간은 나를 위하여 잠시도 기다려주지 않고 무정하게 흘러만 간다. 나는 흐르는 시간에 얽혀 수시로 찾아드는 고독을 품에 안고 예측할 수 없는 혼탁 속에서 살아간다.

21세기 4차산업을 맞이하여 국가 간에도 생존을 위한 치열한 무역 전쟁이 벌어지고 있다. 미국과 중국하고 벌어지고 있는 무역 전쟁이 그러하고 우리나라와 일본과 벌어지고 있는 경제 전쟁도 다 생존을 위한 싸움이다. 길고양이와 마주치다 보니 TV에 자주 나오는 아프리카 어린이들의 영양실조로 여윈 모습이 오버랩 되어온다.

요즘은 일부 후진국을 제외하고는 어느 나라를 가든지 먹을게 지천으로 널려있다. 우리들은 지금 물질 만능시대에서 풍요로운 삶을 구가하면서 살아간다. 그런데 이 지상에서 살고 있는 온갖 야생동물들은 안쓰럽게도 먹을거리가 없어 전전긍긍하고 있다.

전에 길고양이가 우리 집 지하 계단 밑에다 새끼 세 마리를 낳은 적이 있다. 고양이 우는 소리가 서글프고 애절하게 들려와 집안을 둘러보았더니 어미 고양이는 어디로 사라졌는지 보이지 않고, 갓 태어난 고양이만 애절하게 울고 있지 않은가. 측은한 생각이 들어 우유를 사다 먹였더니 예상외로 잘 먹었다.

그 후 정이 들어 끼니를 거르지 않고 챙겨 주었더니, 어디서 놀다가도 나를 보면 반색을 하며 달려와 야옹야옹하며 갖은 재롱을 부리면서 졸졸 따라다녔다. 오랜 시간을 고양이와 같이 지내다 보니 알게 모르게 많은 정이 들었다.

농경사회였던 시절만 하여도 우리 조상들은 논에서 일을 하고 나와 새참이나 점심식사를 먹을 때에는 작은 미생물까지도 배려하면서 반드시 밥 한 숟가락을 떠서 '고수레' 하며 풀숲이나 땅에다 버리고 나서 식사를 하였다.

선인들의 숭고한 정신을 이어받아 야생동물들이 마음껏 뛰어놀 수 있는 공원을 이 지상에 많이 마련할 수는 없을까.

나는 모든 잡념과 영욕(榮辱)에서 벗어나 자연과 더불어 신록 속에서 살고 싶다.

도심 속에 유토피아

여름철은 환희의 계절이요 신록의 계절이다. 산과 들, 어디를 가든 온 천지가 녹색의 물결로 출렁거린다.

집 앞으로는 청계산 골짜기에서 시작된 실개천이 쉬지 않고 흐른다. 다리를 건너면 흙먼지가 덕지덕지 쌓인 비포장도로를 걷다 보면 길가에 푸른 가로수 가지들이 하늘을 가리고 있다. 개천가에는 우거진 잡초들이 자기의 영역을 하나라도 더 넓히려고 흐르는 물줄기를 콘크리트벽 쪽으로 밀어내고 꽃 잔치를 벌인다.

어느 성현의 말이다. '고독을 즐기는 자는 야수가 아니면 신'이라고 했다. 나는 이곳 인적이 드문 철쭉농원으로 이사를 왔는데 한없는 외로움과 쓰라린 고독을 달래가며 살아간다. 어제 이사를 온 것 같은데 어느새 녹음이 짙게 깔린 여름철로 들어선다.

이 일대는 주로 비닐하우스가 대부분을 차지하고 있으며, 우면산과 청계산을 양 날개로 하고 있다. 남쪽으로는 관악산이 의연한 자세로 우리 고을과 비닐단지를 굽어본다. 기암괴석으로 이루어진 관악산이 강건한 남성이라면 부드러운 토양으로 형성된 청계산은 섬세한 여성이다. 이 두 산이 항상 우리 고장 과천과 이 비닐하우스 일대를 포근히 감싸고 있다.

주암동은 장군마을 등 일반주택 단지를 제외하고는 대부분이 그린벨트로 묶인 전형적인 전원마을이다. 그 주위에는 서초구 우면아파트가 양재천을 따라 하늘을 찌를 듯이 솟아있다. 이곳 주암동도 우면아파트 뒤를 이어 뉴스테이지 아파트 부지로 선정되었다. 머지않은 장래에 우면아파트단지 못지않은 대단위 단지가 들어서리라고 본다.

현재 이 일대는 하우스가 넓은 들을 독차지하고 있다. 이곳 주민들은 정원수와 유실수 그리고 많은 다년생 꽃을 재배하면서 살아간다. 나의 초등학교 동창생도 팔십이 넘었는데도, 이 대로변에 정원수와 유실수를 빽빽이 심어놓고 '종오 조경사업장'이라는 간판을 걸어 놓고 짭짤한 재미를 보고 있는 걸로 알고 있었다. 그런데 며칠 전에 그 친구를 우연히 만나 들으니 전에 조경사업을 하긴 하였는데 요즘은 손을 놓고 있으며, 지금 종오 조경사업장을 운영하고 있는 사람은 자기가 아니고 동명이인이라고 한다.

새벽이면 개 짖는 소리, 닭 우는 소리가 새벽 정적을 깨면서 무딘 내 영혼을 뒤흔들어 놓는다. 인적이 끊긴 외진 비닐하우스 안에서 양계장을 운영하는 사람은 어떤 사람일까. 닭 우는 소리, 개 짖는 소리를 들으니 어린 시절 뜰 안에서 닭들이 모이를 쪼아 먹으면서 몰려다니던 생각이 난다. 어린 시절 부모형제들과 같이 살던 초가집이 왜 머릿속을 스치고 지나갈까. 비가 오면 낙숫물이 지붕 위에서 떨어지고 추운 겨울이면 고드름이 추녀 끝에 매달려 있던 정겨웠든 그 시절이 마냥 그리워진다.

새벽에 집을 나와 닭 우는 소리를 따라 숲속을 헤집고 가다 보니 닭장은 찾아냈지만, 사람이 보이지 않는다. 대낮에 다시 찾아가 갓 낳은 싱싱한 달걀을 한 판 사 들고 오고 싶은데 사람을 만날 수 있을는지….

지금 내가 살고 있는 것도 다 주어진 운명 속에서 길을 걷고 있는 것은 아닌지…. 주위에는 농촌에서만 볼 수 있는 매실나무, 개복숭아나무, 배나무, 사과나무, 감나무 등등 유실수가 녹두알만 한 푸른 열매를 매달고 있다. 나뭇가지에 옮겨 다니며 새들이 지저귄다. 무슨 말을 하고 싶은 걸까. 그들만이 소통하는 언어가 있는 모양인데 나도 알아들을 수 있으면 얼마나 좋을까. 신록의 계절 여름철이 지나가고 결실의 계절 가을이 찾아오면 아마 탐스러운 과일들이 가지마다 주렁주렁 매달릴 것이다.

나는 농촌에서 태어나서인지 항상 농촌을 그리워하고 노년에는 한적하고 인적이 드문 농촌에서 살아야겠다는 생각을 늘 하였다. 그런데 우연하게도 철쭉원에서 철쭉꽃을 바라보며 살다 보니 이곳이 늘 내가 찾던 '이상향'이 아닌가 하는 생각이 든다.

맑고 향기로운 바람을 맞으며 길을 걷다 보면 퇴비 썩은 구수한 냄새가 물씬 풍겨 온다. '도심 속의 유토피아' 하면 푸른 바닷속에 떠 있는 외로운 섬이 떠오른다. 나는 이 도시 속에 있는 유토피아에서 오늘 하루도 즐겁게 살아간다. 그러나 이 뜰에도 머지않아 아파트단지가 들어설 것이다. 나도 집이 완성되면 이곳을 떠나게 될 것이다. 어디를 가든 자연이 숨을 쉬고 나무가 우거진 숲속에서 남은 인생을 보내면 얼마나 좋을까.

행복은 미지의 세계에 있는 줄만 알았는데 지금 내가 살고 있는 이곳이 '유토피아'라는 것을 왜 지금에서야 알게 되었는지…. 아침 다섯 시면 집을 나온다. 집 앞으로 흐르는 개천을 따라 골목길로 들어서면 쇠사슬에 묶여 있는 개가 사납게 짖어댄다. 덩달아 꼬끼오하고 닭 울음 소리가 무딘 내 신경을 흔든다. 동쪽 하늘에서는 해가 떠오르고 온 산하가 잠에서 깨어난다. 나도 기지개를 활짝 켜고 길게 숨을 쉰다. 무거웠던 몸이 풀린다. 마음도 상쾌하다.

다시 오지 않는 하루

요즘 나는 단조롭고 틀에 박힌 생활을 한다. 어제가 오늘 같고, 오늘이 어제 같다. 마치 다람쥐 쳇바퀴 돌아가듯 한다. 젊었을 때에는 꿈도 컸고 하고 싶은 일도 많았는데 인생사 모두가 허무하고 쓸쓸하다.

동물의 세계에서도 영원한 강자는 없다. 정상에 올랐다가 다시 내려오는 것이 그들이 타고난 운명이다. 나도 오르막길에서 내리막길로 들어선 지 꽤 오래되었다. 이것이 자연의 순리이다. 이 길을 거부하는 사람은 이 지상에는 아무도 없을 것이다. 그러나 동물과는 달리 인간들은 단순하고 맹목적으로 사는 것이 아니라 꿈과 이상을 갖고 살아간다.

어느 책에서 본 구절이다. "사는 것이 죽어가는 것"이라고 한다. 어떻게 사는 것이 고귀하고 값진 삶일까. 하나의 소망인지는 모르겠으나 건강하게 살다가 어느 날 갑자기 눈을 감는다면 얼마나 멋진 삶이 될까.

오늘도 밤하늘의 별들이 교교하게 반짝이는 이른 새벽 집을 나온다. 무상무념에 젖어 어둠이 깔린 산책길에 나선다. 비포장 골목길에 들어서면 댓잎 흔들리는 소리에 발걸음이 가볍고 명쾌해진다.

무상무념에 젖어 언덕배기에 올라 꼬불꼬불한 감자밭 도랑을 지난다. 일년생 묘목들이 바람에 나부낀다. 이곳에 서서 맑은 공기를 마시며 맨손 체조를 하며 몸을 풀면 심신이 편안해지고 온몸에 힘이 솟아오른다. 주위를 돌아보면 청계산 자락에 솟아 있는 경마장탑이 보이고 푸른 산림으로 둘러싸인 관악산과 우면산의 정경이 선명하게 다가온다.

동이 트자 햇볕에 검게 탄 가무잡잡한 농부들이 언덕배기로 모여든다. 농부들은 70대인데 이곳이 그들의 만남의 광장이요 유일한 아지트다. 새로운 소식이 오고 가면 눈 부신 햇살 사이로 나무들도 무성한 잎을 흔들어 댄다. 우거진 나뭇가지 사이로 새들이 날아와 아침을 연다.

도쿠가와 이에야스는 "인생은 무거운 짐을 지고 먼 길을 가는 나그네"라고 하였다. J라는 사람은 70살이 지났는데도 젊은 사람 못지않게 철쭉을 재배하며 짭짤한 재미를 본다. K라는 사람도 당귀, 소나무, 복숭아나무, 사과나무, 체리나무 등 묘목을 길러 '아름다운 갤러리'라는 간판을 걸어 놓고 인터넷을 통해 판매를 한다. 밭농사를 주업으로 하는 P는 양배추와 대파 등 채소를 재배하여 수입을 올린다. 모두 아들딸들을 출가시켰다. 양로원을 찾을 나이에 일을 하며 살아가는 모습이 가상하다.

한번 가면 '다시 오지 않는 하루'가 고요히 흘러간다. 이 귀중한 하루 동안 지상에서 생존하고 있는 '하루살이부터 수많은 종(種)'들이 수억 년을 이어가며 생성소멸을 거쳐 오늘에 이른다. 우리 인간도 예외는 아닐 것이다.

감자밭은 어제가 다르게 검푸르다. 그 위로 향기롭고 시원한 바람이 분다. 가뭄이 계속되어 잎만 무성하고 감자알이 크지 않다고 P는 한숨

어린 푸념을 늘어놓는다. 농부들은 비를 기다리는데 도시인들은 쾌청한 날을 바란다. 사람이 사는 곳은 어디를 가던 이율배반적이다.

묘목장에 들어선다. 연약한 묘목들이 촘촘히 들어서 있다. 일년생 복숭아나무에 천둥복숭아 열매가 애처롭게 매달려 있다. 연약한 10대 여성이 아기를 안고 있는 것 같아 애처롭다. 사람이나 나무나 생명은 다 귀중한가 보다.

지상의 생명체들은 모두 독특한 꿈과 소망이 있을 것이다. 세월이 흐르다 보면 언젠가는 아기가 자라 청년이 되듯, 이 묘목들도 튼튼한 나무로 성장될 것이다. 하루가 다르게 자라고 있는 묘목을 보면 순진무구한 아이들 모습이 떠오른다.

나무와 풀을 바라보며 생활을 하다 보니 어느새 나도 모르는 사이에 그 세계에 동화되는 것 같으며, 만물의 영장이라고 자화자찬하는 나 자신이 얼마나 나약한 존재인가를 느낀다. 나무와 마주 서면 내가 나무보다 나은 점은 무엇일까. 풀 한 포기와 마주쳐도 그런 생각을 하게 된다.

인적이 드문 곳에 피어있는 들꽃들이 가장 청초하고 아름답다. 외로운 곳에 서 있는 나무들도 아름답다. 사람들이 각기 다른 생활 방법을 지니고 있듯이, 이들 나무와 일 년 살이 이름 없는 풀들도 그들만이 지닌 값진 영혼과 삶이 있으리라.

술이부작(述而不作)의 문학성

— 송인관 수필집 『바위뫼테』 해설

우종상(문학평론가, 시인, 문학박사)

1. 들머리.

공자(孔子)는 『논어(論語)』「술이(述而)」에서 다음과 같이 말하였다. "子曰, 述而不作, 信而好古, 竊比於我老彭.(공자가 말하기를 서술하기만 하고 지어내지 않으며, 옛것을 믿고 좋아하므로 스스로 나를 노팽(老彭)과 비교하고 싶구나)" 여기서 말하는 노팽은 은(殷)나라의 어진 대부로, 옛것을 서술한 사람이었다.

위에서 말한 술이부작(述而不作)은 있는 그대로 기술할 뿐 새로 지어내지 않는다는 뜻으로 자주 쓰이는데, 다른 뜻으로는 학자의 겸손한 자세와 객관적 태도를 강조하여 이르는 말로도 사용되는 말이다.

흔히 수필의 정의에 '붓 가는 대로 쓰는 글'이라는 고전적 의미가 통용되어 왔다. 수필이란 말이 처음으로 쓰인 것은 중국 남송대의 홍매(洪邁)가 지은 용재수필(容齋隨筆)이란 책이 효시(嚆矢)라고 한다. "마음에 생각이나 느낌이 떠오를 때마다 바로 적고, 앞뒤의 순서를 다시 바로잡지 않았으

므로, 이 책에 수필이라는 제목을 붙였다."라는 홍매의 말을 인용하여 보면 수필의 의미가 어떻게 회자(膾炙) 되었는가를 짐작하게 한다.

또 다른 정의로는 대체로 '형식이 자유로운 글'이라는 의미도 사용되어 왔다.

그러나 수필의 정의를 한 마디로 규정하기는 어려운 점이라는 것을 고려할 때, 아노미(Anomie, 비규범)라는 어휘로 정의할 수도 있지 않을까?

송인관 작가의 수필집 『바위뫼테』에는 그의 삶과 문학관을 유추할 수 있는 50편의 수필 작품이 숨을 쉬고 있다. 굳이 '숨을 쉬고 있다'는 표현을 취함에는 작가가 술이부작(述而不作)의 태도로 작품을 창작하고 있기에 생생한 체험적 수필이 되기 때문이 아닐까 한다.

우리 문학에서 '수필(隨筆)'이란 용어가 사용된 것은 17세기 이후의 일이라고 한다. 이민구(1589~1670)의 독사수필(讀史隨筆)과 박지원(1737~1805)의 일신수필(馹汎隨筆)에서 그 예를 볼 수 있다. 물론 고전 수필의 첫 작품으로는 8세기 통일신라 승려인 혜초(慧超)의 인도 여행기인 『왕오천축국전』이 중국 간쑤(甘肅)성 둔황(敦煌)의 막고굴(莫高窟)에서 발견되었기 때문에 최초의 작품으로 꼽을 수 있을 것이다. 근대적 수필은 대체로 1895년 유길준의 『서유견문(西遊見聞)』에서 태동된 것으로 본다.

예로부터 수필은 그 형태가 다양하게 사용되었기에 생활 주변에서 겪은 잡다한 일들을 순서가 없이 적은 잡기(雜記)나 잡록(雜錄)이 있는가 하면, 부녀자들끼리 또는 집안 부녀자를 상대로 한 편지글도 있었으며, 항간(巷間)에 떠도는 전설적이거나 교훈적이거나 세속적인 기이한 이야기인 패관문학(稗官文學)이라고 하는 패설(稗說)도 있었는가 하면, 시에 관한 비평과 시인에 대한 일화(逸話)를 적은 시화(詩話)도 들 수 있을 것이다.

그런데 특이한 것은 우리 한글 수필은 특히 사대부가의 여성들에 의해 발전되었다고 한다. 이는 사대부(士大夫) 집안 남성들이 한문을 숭상하였던 데 비하여 여성들은 한글을 생활 기록의 중요 수단으로 삼아왔으며, 여성다운 섬세한 관찰과 표현력이 그들의 체험 세계를 절실하게 드러내는 데 성공한 때문일 것이라고 본다.

고전 수필은 실제 생활에서 경험하고 견문한 일을 실제 사실의 바탕을 토대로 객관적으로 표현하는 교술적(敎述的)인 특성이 강하다고 한다면, 반면에 현대 수필은 삶의 과정에서 겪은 체험과 생각을 기록하되, 미적 요소를 중요시하여 작가의 개성의 뚜렷하고, 서정적 또는 이지적 성격이 잘 표출된다고 한다.

수필 문학이 제재의 다양성과 자유로운 형식을 특징으로 삼는 산문 문학이라는 점에 주안점을 두고 본다면, 수필 문학의 개념은 보다 폭넓은 개념으로 적용할 수 있을 것이다.

> 한 편의 수필을 쓴다는 것은 쉬운 일이 아닙니다. 경험을 기록하고 감상을 표현하는 데에서 출발한다고 합니다. 많은 피와 땀을 흘려가며 퇴고를 거듭하면서 세상에 얼굴을 내미는 것이 수필인 것 같습니다. 어려운 과정을 거쳐 이번에 발간되는 수필집이 제대로 제구실을 할 수 있을는지 두려움마저 생깁니다.

> 글 쓰는 데 있어서 가장 중요한 것은 많이 읽고, 쓰고, 생각하는 것입니다. 문장은 짧고 여운이 있어야 좋은 글이라고 합니다.

위의 글은 프롤로그(Prologue)에 나오는 작가의 말이다. 곧 다시 말하면 그의 작품은 작가가 경험을 기록하고 감상을 표현하기 위한 피와 땀의 결정체라는 말이다.

그리고 작가의 창작관을 유추할 수 있는 모티브(Motive)는 3다(多)의 원리라는 것도 아울러 짐작할 수 있을 것이다.

중국 송나라의 문인 구양수(歐陽脩)가 좋은 글을 쓰기 위한 첩경(捷徑)으로 제시한 세 가지는 첫째, 다독(多讀)의 필요성을 강조한 간다(看多) 둘째, 다작(多作)의 필요성을 강조한 주다(做多) 셋째, 다사(多思)의 필요성을 강조한 다상량(多商量)이었다.

작가도 구양수의 창작관을 일찍이 잘 알고 실천한 인물이란 것을 그의 서문에서 유추할 수 있을 것이며, 아울러 그의 문장관은 짧고 여운이 있는 글이라는 것도 알 수 있게 하여 준다.

다른 문학 작품과 마찬가지로 수필도 독자에게 이해를 전제로 창작되어지는 문학의 양식이라고 할 수 있다. 이해(理解, Understand)의 용어적 의미는 말로 표현된 의미를 인식하는 것이 아닐까? 물론 작품 속의 모든 의미가 언어를 매개로 표현되어지지는 않는다고 할 것이다. 부연하면, 작품 속에는 언어 외의 의미가 있을 수 있다고 볼 수 있다. 마치 마음에서 마음으로 전하게 되면 모든 것을 이해하고 깨닫게 된다는 뜻에서, 마음과 마음으로 서로 뜻이 통함을 이르는 말로 통용되는 이심전심(以心傳心)의 무언적(無言的) 의미도 있을 것이다.

송인관 수필집의 작품 50편을 유형별로 분석을 하면 대체로 다음과 같다고 할 수 있을 것이다.

첫째, 역사 인식을 토대로 한 어제와 오늘의 삶을 노래한 것을 들 수 있다.

둘째, 세월의 흐름에서 작가가 생각하고 느낀 것들을 이야기한 작품의 유형을 들 수 있다.

셋째, 계절의 변화에서 느끼는 자연과의 조화를 제재로 한 작품으로, 계절과 자연의 화두(話頭)에서 문학적 단상을 엿볼 수가 있었다.

넷째, 일상 속에서 만나고 헤어진 인간관계를 조명한 작품으로, 만남과 이별의 속성에서 느낄 수 있는 인생이란 대명제를 고찰하였다.

다섯째, 생활의 여백을 주제(主題)로 한 작품으로 생활 중에서 느낄 수 있는 단편적인 생각들도 발견할 수 있었다.

끝으로, 일상의 생활에서 느낄 수 있는 소소한 행복의 의미를 찾은 것과 생각의 차이가 던지는 생각의 파편(破片)들도 작품의 주요 제재가 되고 있었다.

여하튼 송인관 수필집이 대체로 짧은 단문의 수필이 다양한 유형별로 작품의 특성을 보이고 있음은 그의 삶의 여정(餘情)과 편력(遍歷)을 반영하고 있음을 알 수 있게 하였으며, 그의 삶에 대한 생각과 성찰을 제시하고 있기 때문이 아닐까 한다.

2. 몸말.

수필(隨筆)은 형식의 제약을 받지 않고 개인적인 서정이나 사색과 성찰을 산문으로 표현한 문학양식이라고 한다.

문학의 5대 장르(Genre) 중에서 시나 소설과 희곡과 평론보다 수필은 그 구조와 기법이 단순하여, 어떤 계층의 독자보다 더 쉽게 읽을 수 있으며, 쉽게 이해할 수 있는 작품으로 여기고 있다. 그러나 수필은 더 복잡한 구조와 세련된 기법으로 풍부하고 깊은 의미와 경험을 내포하고 있는 작품도 있다고 할 것이다.

송인관의 수필집 『바위뫼테』는 다양한 전개 방법을 보이고 있음은 그가 다양한 문학적 경험을 가지고 있음을 증명하고 있다고 할 것이다.

수필의 전개에 주로 사용되는 방법은 대상을 부분으로 나누어 각 부분을 차례로 표현하는 묘사가 있다.

묘사(描寫, Description)는 주로 시에서 어떤 대상이나 현상 따위를 있는 그대로 언어로 서술하거나 그림으로 그려서 나타내기 위하여 즐겨 사용되는 표현 방법이지만, 수필에서도 움직임이나 변화나 시간상의 서술에 관계없이 대상의 느낌이나 인상을 표현하기에 적절한 방법이기에 자주 나타난다고 할 것이다. 독자는 수필을 읽으면서 감각적 인상이나 정서적 영향을 받게 된다고 한다.

다음으로 어떤 사건이나 상황을 시간의 연쇄에 따라 있는 그대로 기술하는 서사(敍事, Narration)가 있다고 할 것이다. 서사는 주로 소설에서 많이 보이지만 시간 속에서 일어나는 사건, 행동, 움직임, 변화를 감각적으로 표현하는 기법의 특성을 가진다고 할 수 있다. 다시 말하면 서사는 행동이나 사건을 독자가 상상하게 하고, 상상된 행동이나 사건에 의해 독자에게 기쁨이나 슬픔과 슬픔이나 불행과 두려움과 불안 등의 다양한 심리적 정서를 유발할 수 있다고 할 것이다.

다음으로 들 수 있는 것은 연상으로 연상(聯想, Association)의 기법은 하나의 관념이 다른 관념을 불러일으키는 작용을 말한다. 수필을 읽을 때 수필의 내용과 관련이 있거나 공통성이 있는 다른 것을 생각하게 하는 수필의 기법을 말할 수 있을 것이다. 연상적으로 작품이 전개되는 것은 대체로 선행되는 작품 문장 속의 어휘로부터 연상되는 또 다른 어휘와 선행하는 문장이 표현하고 있는 느낌과 생각으로부터 연상이 되는 또 다른 생각과 느낌이 마치 연환계(連環計)와 같이 꼬리를 물고 일어날 수 있다고 할 수 있다.

일반적으로 좋은 글이라면 대체로 평이성(平易性)과 간결성(簡潔性)과 정확성(正確性)을 들 수 있을 것이다. 평이성(平易性)이라면 누구라도 읽기가 쉽고 이해(理解)가 될 수 있는 글이 될 것이다. 다음으로 간결성(簡潔性)이라면 간단명료한 문장이 요체(要諦)가 된다고 할 것이다. 마지막으로 정확성(正確性)은 무엇을 작가가 말하려고 하는지 주제(主題)가 선명(鮮明)한 문장을 말한다고 할 수 있을 것이다.

송인관 작가의 수필은 일반적인 좋은 글의 요소를 충족시킨다고 할 것이다. 쉬운 문장과 군더더기가 없는 간결한 문장과 작가가 말하고자 하는 주제(Theme)가 뚜렷하기에 무엇보다 읽기에 부담이 없는 수필의 요건을 갖추었다고 말할 수 있지 않겠는가?

송인관 수필집의 작품별 특성을 위주로 살펴보면 대체로 다음과 같다.

첫째, 역사 인식을 토대로 어제와 오늘의 삶을 노래한 것을 들 수 있을 것이다.

> 고창읍성에 들어서니 주위가 적막강산에 싸여 있다. 숲속에서는 풀벌레들이 울어대고 무성한 나뭇가지에서는 새들이 지저귄다. 하늘에서는 구름이 정처 없이 흘러간다. 우리 인생도 저처럼 흘러가다가 사라져 가는 것은 아닌지….
>
> 한 시대의 시공을 뛰어넘어 옛날 동학농민군이 폭정과 폭력에 항거하여 울부짖던 그 시절에도 새들은 저렇게 구슬프게 지저귀고 풀벌레들도 울어대고 있었을까.
>
> —「환청」 일부

고창읍성을 여행하다가 조선시대 1894년(고종31) 동학교도가 주동이 되어 일으킨 혁명인 갑오동학농민혁명을 회상하며, 고부군수 조병갑의 횡포와 착취에 농민들이 항거한 데에서 발단하여, 부정부패 척결과 척왜양이(斥倭攘夷)를 주장한 민초(民草)들의 이야기를 소재로 작가의 생각을 피력한 글이다.

작가는 과거의 역사적 사실을 회상하며 지금이라도 국력을 신장하여 구한말과 같은 비극을 초래하지 않기를 염원하고 있다.

북한의 위협 앞에 이념적으로 보수와 진보로 국력이 분열되고 있는 현실을 개탄하며, "고창읍성을 걷다 보니 새들이 울어 대고 부패와 폭정에 맞서 싸우던 민초들의 함성이 환청처럼 들려온다."고 사자후(獅子吼)를 토하고 있는 작가의 결연한 의지를 피력하고 있다.

송인관 수필에서는 이렇게 사회적 이슈를 제재로 하여 현실의 부조화와 모순의 괴리(乖離)를 부각시켜 우리의 주위를 환기시키고 있음도 송인관 수필의 한 방편이 되지 않겠는가?

역사의식을 모티브(Motive)로 한 다음 작품으로 「관악산과 연주암」을 들 수 있을 것이다.

> 산 정상에는 연주대가 있다. 나라를 잃어버린 고려의 충신들이 연주대에 올라 옛 왕조를 생각하며 망국의 한을 달래며 눈물을 흘렸다는 일화가 있다. 그곳은 본래 관악사로 신라 의상대사가 현재의 절터 너머 골짜기에 창건하였다. 그런데 조선을 개국한 이성계가 무학대사의 권유로 국운의 번창을 기원하기 위해 험준한 연주봉 절벽 위에 석축을 쌓고 '연주대'라는 암자를 새로 지었다.
>
> 양녕대군과 효령대군이 충녕대군에게 왕위를 물려주려는 태종의 뜻을 알고 왕궁을 나와 전국을 떠돌다 잠시 연주암에 머문 적이 있다. 대군들은 수시로 가파른 암자에 올라 한양을 내려다보면서 왕좌에 대한 미련을 버리지 못하고 괴로워하다가 왕궁이 보이지 않는 현재의 위치로 절을 옮겼다고 하는 일화가 전해지고 있다.

위의 글은 관악산에 대한 송인관 작가의 생각과 느낌을 수필로 형상화한 작품이 아닐까?

관악산(冠岳山)은 정상 부분이 큰 바위기둥을 세워 놓은 모습으로 보였기에 '갓 모양의 산'이란 뜻으로 지어진 명칭이라고 한다.

예부터 기암괴석과 오래된 나무들이 조화롭게 보였기에, 금강산과 같다고 하여 '소금강(小金剛)' 또는 서쪽에 있는 금강산이라 하여 '서금강(西金剛)'이라고도 한 산이란 별칭이 붙여졌다고 한다.

정상의 높이가 632m이고, 북으로 북한산과 동으로 남한산과 함께 수도 서울을 자연적으로 방어하는 지형적 여건으로 중요한 역할을 하였다고 하며, 개성의 송악과 파주의 감악과 가평의 화악과 포천의 운악과 더불어 경기 5악에 속했으며, 불꽃과 같은 형상으로 인하여 서울의 화기(火氣)를 막기 위해 경복궁 앞의 광화문에 해태상을 좌우로 세워 수도 서울의 안전을 기원하였다고 한다.

깎아지른 바위 벼랑 위에 석축을 쌓고 대(臺)가 구축되어 있어 사람들은 연주대(戀主臺)라 말하고 있는데, 거기에는 응진전(應眞殿)이라는 현판이 걸려 있는 불당이 꾸며져 있어 불교 신자들뿐만 아니라 숱한 등산객들이 탐방하는 명소가 되었다.

작가는 관악산과 연주암에 얽힌 설화와 자기의 관악산 탐방과 사월 초파일 연주암을 참배한 행적을 이야기하며 나이 들어 산행을 하기 어려워 관악산 대웅전을 찾기 어려운 아쉬운 마음을 안타까움으로 표출하고 있다.

다음으로 작가의 어제와 오늘의 느낌과 생각을 제재로 한 것으로「어머니의 꽃밭」을 들 수가 있을 것이다.

> 어머니는 어려운 살림 속에서도 꽃을 심고 가꾸는 것을 매우 좋아하셨다. 오월이 돌아와 활짝 핀 꽃과 야생화로 물들어 있는 산과 들을 바라보면 울안이나 안마당 한구석에다 조그마하게 정원을 만들어 놓고 꽃을 가꾸시던 생전의 어머니 모습이 떠오른다.
>
> 집안에서 싸우는 소리나 높은 언성이 담장 밖으로 나가면 집안에 액이 끼

어들고 불행이 숨어든다는 것이 어머니 생각이다. 우리 집은 육 남매가 되어도 싸우는 소리가 나지 않고 늘 조용했고, 한평생을 살아오는 동안 큰 죄를 짓지 않고 오늘날까지 순탄하게 살아오고 있다. 꽃을 좋아하신 어머니의 고운 심성과 자식에 대한 깊은 사랑이 이 험난한 세상에서 우리를 지켜주고 올바른 길로 들어서게 한 것은 아닌지 많은 생각을 하게 한다.

—「어머니의 꽃밭」 일부

위의 글은 모두(冒頭) 부분이다.

송인관 작가의 자상하신 어머니에 대한 결코 잊을 수 없는 그리움이 진하게 배어 있는 것을 그의 수필이 증명하고 있다고 할 수 있지 않겠는가?

꽃을 유난히도 사랑하셨던 어머니!

고운 심성과 자식들에 대한 깊은 사랑이 작가가 생각하는 어머니에 대한 생각이며 어머니에 대한 그리움으로 인해 회고(回顧)의 수필을 창작하였다고 생각할 수 있을 것이다.

어머니는 꽃 중에서도 붉은 장미, 봉선화, 백합꽃을 매우 좋아하셨다. 특히 봉선화는 일제 식민지 시대에 홍난파 선생이 발표한 곡으로서 나라 잃은 우리 민족의 한이 맺힌 노래다. 한 시대에 시대상인지 그 당시에는 어느 가정이건 집안에다 봉선화를 많이 심었다. 집안으로 뱀이 들어올까 봐 심었다는 이야기도 있고, 여자들의 외모 가꾸기를 위해서라는 말도 전해져 내려온다.

위의 예문에서도 어머니가 특히 좋아하셨던 꽃은 봉선화였으며, 일제에 찬탈당하였던 비극적 민족의 삶으로 인해 민족적 한의 표상인 봉선화를 좋아하셨다는 당위성(當爲性)을 은연중 나타내려고 한 작가의 의도를 알 수도 있을 것이다.

특히 여름철이 되면 어머니는 봉선화 꽃잎으로 자식들 손톱에다 붉게 물들이셨다는 것도 작가의 어머니에 대한 주요한 회상 거리가 될 것이다.

에필로그(Epilogue) 부분에 작가는 수돗가 자투리땅에다 채소를 심었지만 그 푸른 채소 잎 속에서 어머니가 평소 가꾸시던 '어머니의 꽃밭'이 아롱거린다고 한 것으로 보아 작가의 어머니에 대한 그리움의 정도를 짐작하게 한다.

둘째, 세월의 흐름을 이야기한 작품의 유형을 들 수 있는데, 대체로 작가의 인생관이 잘 유로 되어 있는 작품을 살펴보기로 한다.

> 겨울이 오면 날씨가 차가워지고 눈이 내리듯 내 몸에도 반갑지 않은 겨울이 찾아온다. 생각지도 않은 무릎에 인대가 늘어나 정형외과와 한방을 두루 찾아다니지만 전혀 차도가 보이지 않는다. 몸무게를 줄이고 소식을 하다 보니 기력이 점점 떨어진다. 그래도 건강을 다진다는 욕심으로 날이 밝으면 헬스장으로 달려가 운동을 한다.
>
> 헬스장에 발을 들어 놓은 지 올해로 4년이란 세월이 흘러간다. 그동안 아무 탈 없이 평탄하게 살아왔다. 금년 들어서도 예년과 다름없이 헬스장을 찾아 운동을 마치고 샤워를 하다 보니, 욕실 바닥에 코피가 아닌 말간 피가 흐르고 있었다. 하도 황당해 아침을 드는 둥 마는 둥 하면서 병원으로 달려갔다.

위의 지문은 「험준한 인생행로」의 서문 부분이다.

건강을 유지하기 위해 헬스장을 다니기 시작한 지 4년 만에 몸이 좋지 않아 병원에 가게 된 연유와, 나이가 들어 예전과 같지 않은 몸 상태를 피력하면서 아울러 건강의 중요성을 다시 한번 강조한 작가의 심적 상태를 짐작하게 한다.

흔히 '건강은 건강할 때 지켜라'는 말의 중요성을 새삼 깨우치게 하는 작가의 심리가 무언중 독자에게 염화시중(拈花示衆)으로 전달되고 있음을 짐작할 수 있을 것이다.

또 하나 그의 작품에서 관심을 끄는 것으로 「장수 사진」을 꼽을 수 있을 것이다.

흔히 '장수 사진'은 대체로 영정 사진을 일러 말한다고 한다. 사람들은 반어적 표현으로 표현하기를 좋아하지 않을까? 예로부터 십장생(十長生)이라고 하여 장수를 오복(五福)의 하나를 상징하였다지 않는가?

열 가지의 사물을 골라 그 표상으로 삼은 것으로 고려 말 목은(牧隱) 이색(李穡)의 『목은집(牧隱集)』에는 "내 집에 십장생이 있는데, 병중의 소원은 장생(長生)뿐이니 차례로 찬사(贊詞)를 붙였는데 운(雲) · 수(水) · 석(石) · 송(松) · 죽(竹) · 지(芝) · 구(龜) · 학(鶴) · 일(日)의 제목으로 시를 지었다." 라는 십장생 시가 나온다고 한다.

오래 살고 싶은 것은 인간의 소원 중 하나인 것은 자명(自明)한 사실이라고 할 수 있다. 그러나 인간의 소망대로 되지 않는 것이 목숨이라고 한다면 수명(壽命)은 어쩌면 하늘의 뜻이라고도 할 수 있지 않겠는가?

> 생각지도 않은 장수 사진을 농협에서 마련해 주었다. 그것을 내가 애지중지하는 골방에다 걸어 놓고 시간 나는 대로 들여다보고 있다.
>
> 나는 깊은 밤 정적은 흐르고 잠이 오지 않으면 골방에 들어가 책을 읽고 명상에 잠겨 있기를 좋아한다. 그런데 벽에 걸려 있는 장수 사진을 들여다보면 남은 인생을 어떻게 보내는 것이 가장 값지고 현명한지, 끝이 없는 사유의 세계를 헤매게 된다.
>
> … (중 략) …

"절대로 세월을 허송하지 마라. 책을 읽든지, 쓰든지, 기도하든지, 명상하든지, 항상 뭔가를 하라고" 그리스도의 학습을 저술한 '토마스 아 켐피스(Thomas a Kempis)'는 말하였는데 이 책자는 '기독교 신앙의 진수를 설명한 성서'에 버금가는 기독교의 고전으로 유명한 책이다.

그는 독일의 신비 사상가이기도 하다. 나는 이 장수 사진을 볼 때마다 그가 말한 '명상'을 하라는 말이 가슴에 와닿는다. 이 명상이야말로 글을 가져다주는 길잡이고 삶의 원천이라고 생각한다.

위의 글은 「장수 사진」의 부분이다.

장수 사진을 보는 작가의 애틋한 마음을 엿볼 수 있지 않겠는가? 그러나 작가는 장수 사진을 보며 '남은 인생을 어떻게 보내는 것이 가장 현명한지 골똘히 생각해 본다'는 마지막 부분의 글이 진한 여운을 남긴다고 할 것이다.

'세월 앞에서' 작가의 생각과 느낌을 적은 수필로는 「자두나무」를 들 수 있을 것이다.

종묘원에서 자두나무 한 그루를 사다가 심었는데 금년에는 자두 알이 예상외로 낙과가 심하다. 그런 가운데에서도 탐스럽게 익어가던 자두 알이 비료가 적어서인지 꼭 메추리알 같다.

고등학교 동창인 K와 청계산 등산길에 올랐다. 매봉으로 오르는 길가에 약수터가 있는데 그곳에서 흐르는 물을 따라 역 산행을 하다 보니 수녀원 터가 나왔다. 수녀원은 몇 년 전에 다른 데로 이사를 갔고 그 빈터에는 자두나무 두 그루만 남았는데 가지마다 잘 익은 자두가 주렁주렁 매달려 있다. 땅바닥에는 농익은 주먹만 한 자두가 뒹굴고 있다. 윤기가 흐르는 지렁이들이 제 세상을 만난 듯 정신없이 파먹고 있다. 대 자연 속에서 온 만물들은 서로 얽히고설켜 가면서 그들대로의 생활 방식으로 살아가는 것 같다.

K와 나는 큰 횡재를 만난 듯 자두나무에 올라가 붉게 익은 자두를 따서 등산 가방에 가득 넣어가지고 약수터로 왔다. 자두를 흐르는 물에 씻은 후 가방을 짊어지고 집으로 돌아와 자두를 분당에 사는 아들과 이웃들에게 나누어 주었는데도 생각보다도 많이 남아 여름내 포식을 했다.

위의 글은 「자두나무」의 부분 글이다.

장미과 벚나무 속에 속하는 낙엽활엽교목의 열매인 자두는 핵과 중에서 가장 널리 퍼져 있는 열매이다. 아시아에서는 터키와 중국이 주요생산국이다. 발효시키지 않고 말릴 수 있는 품종들을 프룬(Prune)이라고 한다. 이들 자두는 육질이 단단하며 당분이 아주 많고 건조기나 햇볕에 건조시켜도 맛을 유지하는 성질이 있다고 한다.

작가가 자두나무에 얽힌 친구 K와의 일화를 토대로 친구에 대한 진한 그리움을 소재로 쓴 수필이다. 누구라도 어떤 사물이나 계기를 통해 잊을 수 없는 기억이 있을 것이며, 기억이 새록새록 살아날 때도 있을 것이다. 그러한 것들을 포착하여 수필로 형상화하는 것이 작가라면 누구라도 취할 수 있는 작가만의 고유권한이 아닐까 한다.

생활 중에서 단순하게 보일지라도 그 스쳐 지나가는 생각을 놓치지 않고 문학적으로 형상화한다는 것은 어쩌면 단순하면서도 특별한 재능이 아니겠는가?

셋째, 계절의 변화에서 느끼는 자연과의 조화를 제재로 한 작품을 들 수가 있을 것이다.

겨울철은 푸른 소나무 위에 하얀 눈이 내려야 제격이고 비로소 겨울 맛이 난다. 나는 대설이 지나 동장군이 기승을 부리기 시작하면, 추사 박물관에 있는 김정희 선생의 '세한도'가 제일 먼저 떠오른다. 또 저세상으로 가셨지만 어머니가 지워 주신 한복 바지저고리가 몹시 그리워진다.

어머니가 지어주신 바지저고리를 입고 동네 아이들과 마을 앞 논두렁에서 하늘 높이 연을 날리며 뛰어놀던 일들이 떠오른다. 연싸움을 하다 실이 끊어져 연이 멀리 날아가는 모습을 보고 발을 동동거리며 보낸 겨울철 어느 날이 마냥 그리워진다.

위의 글은 「입동 단상」 서두 부분이다.

입동(立冬)은 겨울이 시작되기에 겨울 채비를 하여야 할 때라고 예로부터 여겼다. 태양의 황경이 225°로, 상강과 소설 사이에 있는 24절기의 하나로 양력 11월 7일이나 8일 무렵이다.

어릴 때 작가는 어머니가 지어주신 한복 바지저고리를 입고 동구 밖에서 아이들과 연날리기와 연싸움을 하던 시절에 대한 진한 그리움을 잊을 수 없어 수필로 창작할 수밖에 없었을 것이다.

결코 돌아갈 수 없으며, 머무르고 싶은 절대적 기억의 공간이 바로 어릴 때의 회상 공간이 아니겠는가? 생각만 하여도 그리운 기억으로만 존재하는 아름다운 곳이 바로 어릴 때의 시간이 아닐까? 작가도 예외는 아니어서 입동에 대한 단상을 하게 되며, 그리운 유년기를 회상하며 기억하게 된다고 하겠다.

다음 작품으로는 「붉은 동백꽃」을 예로 들 수가 있을 것이다.

여행은 늘 마음을 들뜨게 한다. 아내와 가까운 친지들과 하는 여행은 더욱 그러하다. 이번에 집사람과 이웃들이 백제의 승려 검단선사가 창건한 선운사를 찾아 여행길에 오른다.

고창에 있는 선운사는 도솔산 밑에 자리를 잡고 있다. 도솔천 계곡에는 맑은 물이 사시사철 흐른다. 동백꽃으로 유명한 오동도 못지않게 선운사 하면 붉은 동백꽃, 붉은 동백꽃 하면 선운사가 떠오른다. 봄이 돌아오면 동백꽃을 찾아 여행객들이 구름같이 모여든다. 그리고 이곳 고창에 자랑거리인 풍천장어구이와 복분자술을 맛보기 위하여 식도락가들이 모여든다. 동백꽃은 남도 고창의 자랑거리이며 선운사의 자존심이기도 하다.

위의 지문은 「붉은 동백꽃」의 서문 부분이다.

선운사(禪雲寺)는 전라북도 고창군 아산면 도솔산(兜率山)에 577년(위덕왕 24) 백제의 고승 검단(檢旦, 黔丹)이 창건한 것으로 전해오는 사찰로 김제의 금산사와 함께 전북의 거대 사찰이며 고창 지역의 대표적인 산사(山寺)이다.

특히 선운사는 꽃무릇이 한창일 때는 상사화축제가 유명하며, 아울러 동백꽃도 유명하다고 한다. 문인들에게는 창작의 모태를 제공하였으며, 서정주의 시 「선운사 동구」와 김용택의 시 「선운사 동백꽃」과 최영미의 시 「선운사에서」가 회자되고 있어 선운사를 더욱 유명하게 하고 있다고 하겠다.

여행은 새로운 것에 대한 호기심을 충족시키기에 누구에게나 마음을 설레게 한다고 할 것이다. 미지(未知)의 세계에 대한 궁금증과 경험의 답습과 답답한 울타리를 벗어나 마음대로 어디나 떠날 수 있기에 더욱 값진 것일 것이다.

작가도 선운사를 여행 중에 들러 관광을 즐기며, 아울러 유명한 풍천장어와 복분자술로 여행의 객기를 달래는 즐거움은 어디다 견줄 수 있을 것인가?

이것으로 미루어 수필문학의 주요한 영역 중의 하나가 기행문이 아닐까 한다.

꽃이
피는 건 힘들어도
지는 건 잠깐이더군
골고루 쳐다볼 틈 없이
님 한번 생각할 틈 없이
아주 잠깐이더군

그대가 처음
내 속에 피어날 때처럼
잊는 것 또한 그렇게
순간이면 좋겠네

멀리서 웃는 그대여
산 넘어가는 그대여

꽃이
지는 건 쉬워도
잊는 건 한참이더군
영영 한참이더군

—「선운사에서」 최영미, 전문

최영미는 사랑하는 사람을 잊지 못하는 마음을 동백꽃을 제재로 하여 사랑과 이별의 보편적 진실로 시적 형상화하였다고 할 것이다. 꽃이 피고 지는 것을 사랑하는 사람과의 만남과 이별로 유추하여 공감대를 형성할 수 있었을 것이다.

시가 아니더라도 선운사는 동백꽃으로 유명세를 타고 있다고 할 수 있다. 화들짝 피었다가 어느새 꽃망울 채로 고개를 떨어뜨리는 동백꽃의 아름다움이야 계절의 미를 대표한다고 할 수 있지 않겠는가?

그 외에도 생활의 여백에서 느낀 작가의 단상과 행복에 대한 작가의 예찬과 일상 속에서 만나고 헤어진 인연을 다룬 글과 특히 가슴에 사무치도록 남은 각별한 인연의 소중한 작품들이 다양하게 작가의 창작력을 대변하고 있음을 느낄 수 있을 것이다.

3. 갈무리.

수필(隨筆, Essay)의 정의는 흔히 일정한 형식을 따르지 않고 느낌이나 체험을 생각나는 대로 쓴 산문 형식의 문학이라고 한다.

대체로 학자들은 설득적 수필, 서사적 수필, 극적 수필, 명상적 수필로 분류하고 있다. 물론 설득적 수필은 작가의 글을 쓴 목적에 따른 분류이며, 서사적 수필과 극적 수필은 표현 방법과 전개 방법에 따른 분류이며, 명상적 수필은 내용에 따른 작품의 분류라고 할 것이다.

문장의 분류를 설득과 이해로 나눌 때 설득적 수필은 개인적이거나 주관적 정서가 지배적인 문장을 들 수 있을 것이다. 이런 수필은 작가의 의견을 일반적 관념으로서 제시하고 일반적 관념을 밑받침하기 위해 많은 사연을 첨부하기도 한다.

서사적 수필은 인물이나 인물의 동기나 동기의 실현을 위한 행동과 사건의 시간적 연속과 동기 실현의 실패나 성공을 다룬다고 한다. 대체로 서사적 수필은 특성상 상황의 변화를 예의 주시하기에 더 사실감을 제공한다고 할 수 있다.

극적 수필은 드라마(Drama)와 같이 인물의 대화를 주로 사용하는 수필로 볼 수 있다. 이러한 수필에서 대화를 하는 인물은 하나인 독백적일 수도 있을 것이며, 둘일 수도 있을 것이며, 그 이상일 수도 있지 않겠는가?

명상적 수필에서 말하는 명상(冥想, Meditation)은 눈을 감고 차분한 마음으로 깊이 생각하는 것을 말한다고 할 것이다. 명상은 현실에서 개인적인 사적 이익을 떠나 개인의 궁극적인 삶의 문제들을 진지하게 생각하는 하나의 방편이 되겠으며, 객관적으로 연상되는 관념을 주로 다룬다고 할 것이다. 명상적 수필의 관념은 객관적 진리가 아니고, 개인적이고 주관적인 판단과 태도의 신념이라고 할 것이다. 명상적 수필에서는 주로 추상적 관념을 여러 가지 심상(心象)으로 형상화할 때 주로 사용하는 방법이 적용될 수 있을 것이다.

송인관 수필집은 대체로 서사적 수필과 명상적 수필의 콜라보레이션(Collaboration)이 주된 내용이 되지 않을까 한다. 그것은 작가가 생활 중에서 느끼고 깨달은 생활인의 진솔(眞率)한 생각과 느낌을 서술하였기 때문이 아닐까?

수필은 곧 자기를 보여 주는 글일 것이다. 그 이유는 개성 넘치는 내면을 솔직하게 드러내기 때문이지 아닐까? 그런 이유로 우리가 가장 일반적으로 쉽게 접할 수 있는 수필에는 세상을 바라보는 작가의 눈이 들어 있다고 할 것이며, 사소한 입장에서 깊은 내면의 고민에 이르기까지 삶을 바라보는 사색과 명상이 스며있다고 할 것이다. 부수적으로는 수필은 독자에게 감동과 성찰을 화두로 제시할 수 있는 문학적 특성이 강하다고 할 수 있지 않겠는가?

물론 개인 각자의 주관적이고 정서적인 성격을 가진 신변잡기(身邊雜記)

적 글에서 객관적이고 논리적 성격이 강한 평론에 이르기까지 수필 문학의 특성도 다양하다고 할 수 있을 것이라고 생각한다. 그런 이유로 형식의 제약을 받지 않는 것 또한 수필의 또 다른 특징의 하나로 들 수 있을 것이다. 생활 중의 일기, 기행의 글, 편지글과 감상적인 글, 그때그때의 느낌이나 생각을 적은 수상문(隨想文)들이 모두 광의의 수필 범주(範疇)에 든다고 하겠다.

송인관 작가가 술이부작(述而不作)의 서술태도로 창작한 수필집을 읽음으로써 경험해 보지 못한 다양한 삶의 굴곡(屈曲)들을 알 수 있게 되고, 우리의 삶과 우리 자신에 대하여 성찰할 기회를 제공받게 되는 것은 소중한 경험을 공유하게 된다고 할 것이다.

우리가 문학 작품을 읽는 것은 작가의 이야기를 듣는 것이라고 할 수 있는데, 이것은 결국 작가의 이야기를 듣는 것이 아니라, 궁극적으로 자기에게로 회귀(回歸)하는 자기의 이야기가 될 것이다. 왜냐하면 작가의 이야기 속에서 잊고 있었던 자아를 발견하고 정체성을 회복하는 계기가 된다고도 볼 수 있지 않겠는가?

수필은 결국 자기를 보여 주는 문학의 한 양식이라면 개성 넘치는 작가의 내면을 솔직하게 드러내는 행위일 것이다. 그런 이유로 수필에는 세상과 교감(交感)하는 작가의 생각과 견해가 들어 있을 것이며, 사소한 일상에서 더 나아가 깊은 내면의 고민에 이르기까지 삶을 꿰뚫어 보는 사색과 명상이 들어 있다고 할 수 있다.

그런 공감대의 형성은 결국 독자에게 감동과 깨달음을 주는 매체(媒體)가 된다고 볼 수 있을 것이다.

이런 이유가 바로 그의 다음 작품들이 기다려지는 이유가 된다고 할 수 있을 것이다.

문학세계대표작가선 902
바위뫼테

송인관 제3수필집

인쇄 1판 1쇄　2019년 10월 22일
발행 1판 1쇄　2019년 10월 29일

지 은 이 : 송인관
펴 낸 이 : 김천우
펴 낸 곳 : 도서출판 천우
등　　록 : 1992. 2. 15. 제1-1307호
주　　소 : 서울시 성동구 무학봉28길 6 금용빌딩 2F
전　　화 : 02)2298-7661
팩　　스 : 02)2298-7665
http://moonhak.wla.or.kr
E-mail : chunwo@hanmail.net

© 송인관, 2019.

값 15,000원

*도서출판 천우와 저자의 서면 동의 없는 무단 전재 및 복제를 금합니다.
*저자와의 협의에 따라 인지는 생략합니다.

ISBN 978-89-7954-754-2

이 도서의 국립중앙도서관 출판예정도서목록(CIP)은 서지정보유통지원시스템 홈페이지(http://seoji.nl.go.kr)와 국가자료공동목록시스템(http://www.nl.go.kr/kolisnet)에서 이용하실 수 있습니다. (CIP제어번호: CIP2019041319)